btb

In Zeiten der Krise leiden Gesellschaft und Vielfalt. Für Max Czollek bieten staatstragende Konzepte wie »Leitkultur« oder »Integration« darauf keinerlei Antwort. Über seine Streitschrift »Desintegriert euch!« wurde seit dem Erscheinen 2018 viel diskutiert. Beschrieb sie den Status quo des deutschen Selbstverständnisses, entwirft Czollek nun das Modell für eine veränderte Gegenwart: Wie muss sich die Gesellschaft wandeln, damit Menschen gleichermaßen Solidarität erfahren? Welche liebgewonnenen Überzeugungen müssen wir alle dafür aufgeben? Wie kann in einer fragmentierten Welt die gemeinsame Verteidigung der pluralen Demokratie gelingen?

MAX CZOLLEK, Jahrgang 1987, studierte Politikwissenschaften an der FU Berlin und promovierte im Anschluss am Berliner Zentrum für Antisemitismusforschung. Seit 2009 ist er Mitglied des Lyrikkollektivs »G13«, organisiert gemeinsame Lesetouren und Veröffentlichungen und ist Kurator des internationalen Lyrikprojekts »Babelsprech«. Außerdem ist er Mitherausgeber der Zeitschrift »Jalta – Positionen zur jüdischen Gegenwart«. Er lebt und arbeitet in Berlin.

Max Czollek

# GEGEN-
# WARTS-
# BEWÄL-
# TIGUNG

btb

Sollte diese Publikation Links auf Webseiten Dritter enthalten, so übernehmen wir für deren Inhalte keine Haftung, da wir uns diese nicht zu eigen machen, sondern lediglich auf deren Stand zum Zeitpunkt der Erstveröffentlichung verweisen.

MIX
Papier | Fördert gute Waldnutzung
FSC® C014496

Penguin Random House Verlagsgruppe FSC® N001967

1. Auflage
Genehmigte Taschenbuchausgabe Januar 2023
btb Verlag in der Penguin Random House Verlagsgruppe GmbH,
Neumarkter Straße 28, 81673 München

Lizenzausgabe mit freundlicher Genehmigung der
Carl Hanser Verlag GmbH & Co. KG, München
Umschlaggestaltung: semper smile, München,
nach einem Entwurf von Anzinger und Rasp, München
Druck und Einband: GGP Media GmbH, Pößneck
JT · Herstellung: sc
Printed in Germany
ISBN 978-3-442-77202-5

www.btb-verlag.de
www.facebook.com/btbverlag

Für Leah und Gudrun

# INHALT

# EINLEITUNG: GEGENWARTS-BEWÄLTIGUNG

Auch wenn politische Regime gestürzt, Ideologien kritisiert und demontiert werden können – hinter jedem Regime und seiner Ideologie steht eine Art des Denkens und Fühlens, eine Reihe von kulturellen Gewohnheiten, eine Wolke von dunklen Instinkten und unauslotbaren Trieben.
UMBERTO ECO[1]

Keine*r kann genau sagen, wann das mit der Corona-Krise so richtig anfing. Zunächst war es nicht mehr als ein dumpfes Grummeln in den Newsfeeds, ein entferntes Gewitter wie so viele da draußen, das schon vorbeiziehen würde. Einige Wochen zählte ich die allmählich kürzer werdenden Pausen zwischen Blitz und Donner, beruhigt, dass ich noch lange in den zweistelligen Bereich kam. Und dann, plötzlich, brach die Krise heraus aus ihren kurzen Erwähnungen in den Nachrichten – und hinein in meine Gegenwart. Am 18. März 2020 trat Angela Merkel vor die Kameras und tat etwas, das sie in ihren fünfzehn Jahren als Bundeskanzlerin sonst nur zu Neujahr getan hatte: Sie wandte sich mit einer Ansprache an die deutsche Bevölkerung.

Mit zunehmendem Abstand scheint es mir, als konzentriere sich in Merkels Rede die Corona-Krise als zeitgeschichtliches Ereignis. Aber das bemerkte ich im Moment der Ansprache nicht. Auf ihre nüchterne Weise appellierte die Bundeskanzlerin an die Vernunft derjenigen, die den Menschen um sich herum irgendwie Gutes wünschen – aller Vermutung nach immer noch die Mehrheit in diesem Land –, und versuchte, sie von der Gefährlichkeit des Virus zu überzeugen.

Aber mit ihrer »letzte[n] Mahnung aus dem Kanzleramt«[2] stimmte sie die Bevölkerung gleichzeitig ein auf die rasch auf die Rede folgenden drastischen Beschränkungen demokratischer Freiheiten.

Nur einen Tag vor Merkels Ansprache hatte der französische Staatspräsident Emmanuel Macron in seiner Rede von einem Krieg gegen einen »unsichtbaren Feind« gesprochen, was wie der Aufruf zu einer »Generalmobilmachung«[3] klang. Im Vergleich dazu hatte die Bundeskanzlerin ein wohltuendes, weniger bellizistisches Vokabular gewählt, was vielleicht auch daran lag, dass Deutsche ihre Kriege tendenziell verlieren. Ganz ohne Kriegserwähnung aber kam auch sie nicht aus, wie das in einem Land, in dem viele Eltern und Großeltern knietief in den mörderischsten Krieg aller Zeiten verwickelt waren, ja auch nur angemessen ist. Um die Bedeutung der Corona-Krise zu unterstreichen, sprach Merkel von der größten Herausforderung »seit der Deutschen Einheit, nein, seit dem Zweiten Weltkrieg«.[4] Ich fragte mich, welche Herausforderung Merkel meinte – wirklich den Zweiten Weltkrieg oder nicht doch eher die Zeit danach? Sicherlich, Welteroberung und Völkermord sind anstrengende Geschäfte, aber die Bundeskanzlerin hatte wohl eher die zerstörte deutsche Industrie vor Augen als die deutschen Vernichtungsfeldzüge in Osteuropa.

Wie dem auch sei, meiner Meinung nach lag die Bundeskanzlerin mit ihrem historischen Verweis auf den Zweiten Weltkrieg ohnehin nicht ganz richtig. In der emotionalen Wucht, mit der sie die deutsche Bevölkerung ganz unkriegerisch zu einer Art solidarischer Mobilmachung aufrief, erinnerte mich die Rede weniger an die Zerstörung des Zweiten Weltkriegs als an die nationale Euphorie zu Beginn des Ersten. In einer der berühmtesten Ansprachen an die Deutschen überhaupt formulierte es Kaiser Wilhelm II. damals am 4. August 1914 folgendermaßen:

> Ich kenne keine Parteien mehr, ich kenne nur noch Deutsche.

Damit hatte der Kriegseintritt Deutschlands seine Formel gefunden. An der anschließenden öffentlichen Inszenierung der deutschen Volksgemeinschaft nahmen dann auch diskriminierte Gruppen wie Sozialdemokrat*innen oder Juden und Jüdinnen teil, auch, weil sie sich durch ihre Beteiligung ein höheres Maß an Anerkennung erhofften.[5] Diese allgemeine Hochstimmung zu Kriegsbeginn 1914 wird auch als *Augusterlebnis* bezeichnet. So viel in den Monaten der globalen Entwicklung der Corona-Pandemie passierte und weiterhin passieren wird: die euphorische öffentliche Solidarisierung von deutschem Staat und Gesellschaft Anfang 2020 möchte ich analog als *Märzerlebnis* bezeichnen. Denn auch hier war die behauptete umfassende Solidarität nicht nur ungewöhnlich – sondern auch äußerst fragwürdig.

Je weiter der März 2020 zurückliegt, umso erstaunlicher scheint mir nämlich, mit welcher Geschwindigkeit und welchem Enthusiasmus die Menschen den Vorschlägen und Anweisungen der Regierung Folge leisteten. Und zwar auch jene Bevölkerungsteile, deren Angehörige nur wenige Wochen zuvor beim größten rassistischen Mord der Nachkriegsgeschichte in Hanauer Shishabars ermordet wurden und die zweifelsohne auch in Zukunft weiterhin als »Integrationsprobleme« bezeichnet werden würden. Dieser Gehorsam gilt übrigens auch für mich, denn ich begab mich zu einem Zeitpunkt in Selbstisolation, zu dem die meisten Menschen um mich herum noch zur Arbeit gingen. Meine Veranstaltungen waren abgesagt worden, die Arbeit an diesem Buch machte die Umstellung ohne größere Probleme möglich und die Worte der Kanzlerin und der Expert*innen schienen mir nachvollziehbar. Da kaufte ich eben für zwei Wochen Nahrungsmittel, sah meine Freund*innen nur noch über das Internet und beschränkte mich auf kurze Spaziergänge über Kreuzberger Friedhöfe, während es vor meinem Fenster Frühling wurde. Wie alle in meiner Umgebung stellte ich mein Leben im Sinne der staatlichen Maßnahmen so schnell und so grundlegend um, wie ich es noch kurz zuvor niemals für möglich gehalten hätte.

Wie gern würde ich glauben, dass ich das gemeinsam mit den 95 Prozent der Bevölkerung, die die Maßnahmen der Bundesregierung Ende März befürworteten, vor allem aus Solidarität mit den besonders bedrohten sogenannten Risikogruppen tat.[6] Aber das wäre nur die halbe Wahrheit. Denn dieser beeindruckend kollektive Akt der Solidarisierung ergab sich nicht spontan und auch nicht einfach nur aus einer plötzlich entdeckten Menschenliebe der Deutschen heraus. Vielmehr wird derartiger »Schutz der Bevölkerung« seit Jahrzehnten und Jahrhunderten rhetorisch und politisch eingeübt – seine Kehrseite ist nicht nur die nationale Abschottung nach außen, die auch während der ersten Monate der Corona-Krise nicht nachließ, sondern außerdem der Entzug von Solidarität für diejenigen Teile der deutschen Bevölkerung, die nicht zur Gesellschaft gezählt werden oder gleichermaßen an ihr teilhaben können.

Solches Denken *beschränkter Solidarität* kann weltweit

viele Formen annehmen, in Deutschland hat es eine ganz eigene tödliche Tradition. Die als Gemeinschaftsaufgabe beschworene und zunächst von Millionen Menschen freiwillig, bald auch durch Verordnungen geregelte persönliche Isolation verband Staat und Gesellschaft in einer spezifischen Denk- und Fühlweise, die radikal unterscheidet zwischen jenen, die staatliche Hilfe und Solidarität verdienen, und jenen, die es nicht tun. Selbstverständlich passierte das alles unter der Beteuerung der besten Absichten sowohl von Regierungsseite als auch von uns, den mit aller Glaubenskraft sich beispielhaft solidarisch wähnenden Bürger*innen.

Aber die kollektive Akzeptanz von Kurzarbeit und Arbeitslosigkeit, der bereitwillige Verzicht auf das Grundrecht der Freizügigkeit, die begrenzten Besuche der Angehörigen Sterbender in den Krankenhäusern und die vielen weiteren Eingriffe in Rechte und Sicherheiten eignen sich nicht als schillernde Beispiele für eine Solidarität, die Menschen in einer funktionierenden Gesellschaft füreinander empfinden können und empfinden sollten. Denn eine solche Solidarität braucht kein Bedrohungsszenario und gilt für alle gleichermaßen. Die Fähigkeit staatlicher Institutionen, unter rasanter Suspendierung bürgerlicher Freiheitsrechte schnell und entschlossen durchzugreifen, demonstrierte vor allem eines in aller Deutlichkeit: Dass etwa die seit vielen Jahren nahezu ausbleibenden Reaktionen auf Nazistrukturen in Polizei, Bundeswehr und Verfassungsschutz oder die unterlassene Hilfe für das vor den Augen der Welt elende Vegetieren der Männer, Frauen und Kinder an den Außengrenzen der Festung Europa niemals Resultate gesellschaftlichen und staatlichen Unvermögens waren – sondern ihres Unwillens.

Die Corona-Krise wirkte von Anfang an als »Kontrastmittel«, das mit den Worten der Autorin Carolin Emcke gesprochen »sichtbar macht, was in unseren Gesellschaften fehlt, was wir fahrlässig geschwächt haben, welche Ungleichheiten toleriert, wem Anerkennung verweigert wurde und wem angemessener Lohn«.[7] Unter Zugabe des viralen Kontrastmittels trat deutlich hervor, dass die so viel beschworene Solidarität keineswegs für alle gleichermaßen galt – und gilt. Ich notiere das mit der gebotenen Vorsicht. Selbstredend stimme ich zu, dass es notwendig ist, ein gefährliches Virus auch durch gemeinsame Anstrengungen zu bekämpfen, die bis zum demokratisch kontrollierten Verzicht auf Freiheitsrechte reichen können. Zugleich meine ich, dass wir angesichts des einzigartigen staatlichen Appells an die Solidarität die Frage stellen müssen, *für wen* derartige ungeheure Anstrengungen eigentlich unternommen werden. Und die schmerzhafte Antwort lautet: In jenen Monaten des Jahres 2020, in denen der Staat seinen Subjekten einen Weg in die solidarische Isolation wies, wurden wir alle zu Kompliz*innen eines Systems, das manche Menschen verrecken lässt und andere nicht.

Von dieser Kompliz*innenschaft handelt dieses Buch: von den Vorstellungen, die wir von Gesellschaften allgemein und insbesondere der deutschen Gesellschaft haben, und davon, wen das überhaupt meint, die deutsche Gesellschaft, wer dazugehört zu ihrem *Wir*. Ich werde zeigen, dass zu seiner Konstruktion eine Menge Konzepte kursieren, deren historische und politische Hintergründe häufig nur unzureichend aufgearbeitet sind. Wie im Falle der Gemeinschaftsgefühle zu Beginn der Corona-Krise meinen Menschen es oft gut, wenn sie »wir« sagen, das aber macht die dahinter liegenden Arten des Denkens und Fühlens nicht weniger gefährlich für diejenigen, die darin nicht einbezogen sind oder denen die Solidaritätsgemeinschaft nicht in erster Linie gilt. Auf den kommenden Seiten geht es mir also nicht so sehr um das völkische Programm einer Partei, die seit 2017 im Bundestag sitzt, sondern mich beschäftigen etablierte und weit verbreitete Denkweisen. Und es geht mir um die Abgründe, die sich auftun, sobald man diese handelsüblichen Konzepte und Überzeugungen mit den Handlungen abgleicht, die sich aus ihnen ergeben.

Ich möchte argumentieren, dass diese Denkweisen nicht mehr in der Lage sind, die Gegenwart zu bewältigen – und ich möchte über Alternativen nachdenken. Das ist es, was ich als *Gegenwartsbewältigung* bezeichne. Auf den Begriff stieß ich das erste Mal in einem Essay des New Klezmer-Sängers und Dichters Daniel Kahn aus dem Jahr 2009.[8] Kahn versteht unter Gegenwartsbewältigung eine künstlerische Perspektive, die die vielen verlorenen Zukünfte jüdischen Lebens in Europa erkundet – nicht aus Nostalgie, sondern weil sie Perspektiven für die Gegenwart liefern.[9] Mir gefällt diese Idee, weil in ihr künstlerische Praxis und ein politisches Bewusstsein zusammenkommen. Das war auch der Grund, aus dem ich gemeinsam mit dem Autor Deniz Utlu ab 2012 eine Lyrik- und Diskursreihe unter demselben Titel im Studio Я des Maxim Gorki Theaters Berlin organisierte. 2018 schließlich erschien das Themenheft *Gegenwartsbewältigung* des von mir mitherausgegebenen Magazins *Jalta. Positionen zur Jüdischen Gegenwart.*[10] Der Buchtitel entstammt also jenen postmigrantischen und jüdischen Kontaktzonen, die in den letzten Jahren künstlerisch und intellektuell entstanden sind. Ohne sie wären die folgenden Gedanken wohl kaum möglich.

Das Konzept der Gegenwartsbewältigung hat einen konkreten begrifflichen Kontrapunkt: *Vergangenheitsbewältigung*. Dieser Bezug auf eine Phase des deutschen Umgangs mit der Geschichte des Nationalsozialismus ist nicht zufällig. Vielmehr verweist er auf die enge Verwandtschaft, die bei allen politischen und kulturellen Auseinandersetzungen dieser Jahre in Deutschland zwischen aktuellen Herausforderungen und einem bestimmten Umgang mit der deutschen Vergangenheit besteht. In meinem 2018 erschienenen Essay *Desintegriert euch!*[11] habe ich beschrieben, wie eine neue Form der offiziellen Gedenkkultur ab den achtziger Jahren den Startpunkt für die Neuerfindung eines positiven deutschen Selbstverständnisses bildete. Erst musste Deutschland nach der sogenannten Wiedervereinigung zum Erinnerungsweltmeister werden, der die Vergangenheit allen Pogromen und Grundgesetzänderungen der neunziger Jahre zum Trotz angeblich perfekt bewältigt hatte, bevor es den Deutschen möglich wurde, zur Fußball-WM 2006 ungehemmt Deutschlandfahnen zu schwenken und beim Public Viewing mehrstimmig die Nationalhymne zu rülpsen.

In diesem *Gedächtnistheater*[12] spielen die »Juden« eine entscheidende Rolle, auch wenn sie aufgrund eines bestimmten, für manche endlos weit entfernten historischen Ereignisses nicht mal mehr ein Viertel Prozent der Bevölkerung dieses Landes ausmachen. Der Buchtitel zeigt an, dass ihnen auch bei der Auseinandersetzung um die Gegenwart und Zukunft der deutschen Gesellschaft eine zentrale Aufgabe zugedacht wird. Stimmt es beispielsweise, dass einzig eine »deutsche Leitkultur« die Sicherheit der jüdischen Bevölkerung in Deutschland dauerhaft gewährleisten kann, wie der CDU-Politiker Philipp Amthor anlässlich des 75. Jahrestages der Befreiung von Auschwitz am 27. Januar 2020 in die Kameras plapperte? Oder sind die Juden bei solch einer ungemein zeitgeistigen Aussage nicht eher eine argumentative Krücke, mit der sich die konservative Behauptung der deutschen kulturellen Dominanz stützen lässt? Denn wer heute in Deutschland Juden schützt, steht nun einmal auf der guten Seite – oder?

Mit der Behauptung, die deutsche Leitkultur sei der einzige effektive Schutz gegen Antisemitismus, lässt sich beides verbinden – das bereits beschriebene Gedächtnistheater mit der Debatte um Zugehörigkeit, die ich in meinem ersten Essayband als *Integrationstheater*[13] bezeichnet habe. Integrationstheater unterscheidet zwischen »uns«, die schon hier sind, und »den Anderen«, die erst dazukommen. Da diese Unterscheidung auf einer willkürlichen Grenzziehung beruht, bedarf sie der fortlaufenden öffentlichen Inszenierung. Schenkt man der Berliner Soziologin Naika Foroutan und ihrer vieldiskutierten Studie *Die postmigrantische Gesellschaft*[14] Glauben, dann wird der Fokus auf das Integrationstheater immer zentraler, weil die deutsche Öffentlichkeit Zukunftsfragen zunehmend im Rahmen von Migrationsdebatten verhandelt – und diese wiederum immer häufiger mit einer abwehrenden Diskussion über »Muslime« kurzschließt.[15]

Das Angstbild von den alles flutenden, kinderreichen, fundamentalistischen Muslim*innen ist derzeit eine der wichtigsten gesellschaftlichen Konstruktionen zur Abwehr der veränderten Realitäten einer *radikal vielfältigen* deutschen Gesellschaft. Diese Realität bezeichne ich mit Naika Foroutan, Riem Spielhaus, Juliane Karakayali und vielen anderen als »postmigrantisch«[16], wobei der Begriff bereits 2009 von Shermin Langhoff eingeführt wurde, als sie noch Leiterin des Theaters Ballhaus Naunynstraße in Berlin Kreuzberg war.[17] Leider aber sind die Reaktionen auf die veränderte gesellschaftliche Realität bei weitem nicht immer so produktiv wie beim postmigrantischen Theater. Vielleicht, weil sich die eigene *Wiedergutwerdung*[18] so gut anfühlte, antwortet ein nicht unerheblicher Teil der tonangebenden deutschen *Dominanzkultur*[19], einzig die Herrschaft bestimmter Handlungs- und Denkweisen könne die Gesellschaft zusammenhalten, während Vielfalt gefährlich sei und reguliert werden müsse. Diese bewusst und unbewusst weit verbreitete Überzeugung verdichtet sich in der Forderung nach einer *deutschen Leitkultur*. An der Aussage des CDU-Politikers Amthor, diese Leitkultur diene dem Schutz der jüdischen Bevölkerung Deutschlands, lässt sich demnach zweierlei ablesen: das Selbstbild einer von ihrer Geschichte vermeintlich erfolgreich geläuterten deutschen Gesellschaft und die Vorstellung, dass diese Gesellschaft hierarchisch geordnet sein müsse, um in Gegenwart und Zukunft gut zu funktionieren.

Hinter der Vorstellung einer *Leit*-Kultur steht also der Glaube, dass es für ein gelingendes Zusammenleben einer hierarchischen Ordnung bedarf, in die sich alle Teile einer Gesellschaft einfügen müssen. Es braucht Gemeinsamkeiten in einer Gesellschaft, und diese Gemeinsamkeiten diktieren noch immer wir! Mia san mia. Der Begriff Leit-*Kultur* meint zugleich, dass diese Gemeinsamkeiten in einer bestimmten geschichtlichen Kontinuität verortet sein sollen. Wer hier dazugehören will, der muss eben nicht nur das Grundgesetz und die Straßenverkehrsordnung auf einem Bein stehend und mit dem Finger auf der Nasenspitze aufsagen können, sondern gefälligst auch den über Jahrhunderte hinweg gewachsenen Geist der Gesellschaft inhaliert haben, auch bekannt als deutsche Kultur.

Nun genügt rudimentäres Allgemeinwissen, um zu ahnen, dass sich die Geschichte der deutschen Kultur nicht ohne weiteres als Vorbild für gesellschaftliches Zusammenleben in der Gegenwart eignet. Denn mit dieser Geschichte ist es ein bisschen wie mit deutschen Talkshows: Hier und da ein paar gute Momente, aber insgesamt blickt man in einen klaffenden Abgrund. Bei einer solch massiven Erdspalte reicht es nicht aus, lediglich die Nazizeit zu überbrücken, denn im Archiv der deutschen Kultur stört ständig irgendetwas, das ausgelagert, individualisiert oder verharmlost werden muss: Völkischer Nationalismus in romantischen Texten? – den zeitlichen Umständen geschuldet! Antisemitismus bei Richard Wagner? – ein Einzelfall! Misogynie und Rassismus bei Immanuel Kant? – darum geht es doch gar nicht!

Das mühevolle Ausklammern solcher Hauptsächlichkeiten würde ohne den regelmäßigen Bezug auf Juden und Jüdinnen kaum funktionieren. Rahel Varnhagen, Moses Mendelssohn, Heinrich Heine, Kurt Tucholsky, Hannah Arendt: Sie alle gehörten meistens nicht dazu, wenn bis weit ins 20. Jahrhundert hinein die deutsche Kulturnation beschworen wurde. Nun aber dürfen sie wie selbstverständlich auf eilig hinzugestellten Stühlen Platz nehmen. Nach dem Holocaust haben lebende wie tote Juden in der Leitkultur nämlich einen Wert als symbolisches Kapital gewonnen, von dem man möglichst viel um sich anhäufen möchte. Denn der Grad der Legitimität eines deutschen Ordnungskonzepts wie der deutschen Leitkultur bemisst sich in der Gegenwart auch nach der Menge lebender und toter Juden, die es für sich deklarieren kann.

Die Anerkennung der Juden mag sich zwar irgendwie gut anfühlen, macht mich aber misstrauisch wie ein Liebesgeständnis auf Ecstasy. Und die Zweifel sind nicht unbegründet, wenn ich mir anschaue, wer alles nicht an die Gesellschaftstafel eingeladen ist, von der auch der Soziologe Aladin El-Mafaalani spricht.[20] Die handliche Zauberformel für diesen Ausschluss lautet »christlich-jüdisches Abendland«, ein Fantasiebegriff, über den sogar ein konservativer Historiker wie Michael Wolffsohn zu Recht urteilt, er sei »geistiger Müll«[21]. Nur wird dieser Müll eben nicht entsorgt, sondern türmt sich bei den Diskussionen um Geflüchtete immer höher auf dem Silbertablett. Dabei gäbe es vor, während und nach der zugespitzten Situation der Corona-Krise eigentlich mit allen Mitgliedern der Gesellschaft viel zu besprechen, etwa zum Thema Klimawandel oder auch zum sich immer weiter aufheizenden Klima einer weltweit existierenden Klassengesellschaft. Stattdessen fantasiert man in grotesker Selbstablenkung über die eigene ach so jüdisch-christliche Beziehungsgeschichte und schließt damit einen guten Teil der Bevölkerung aus dem Gespräch aus.

Glücklicherweise ist die Idee deutscher Dominanz nicht die einzige Antwort auf die Frage nach der Zukunft dieser Gesellschaft. Die Alternative liegt auf der Hand: Ein Viertel der Bevölkerung dieses Landes hat eine Migrationsgeschichte, genau wie der Rest unterscheidet es sich weiter nach Begehren, Einkommen, Körpern, Weltanschauung, Alter, Religion. Die größte Gemeinsamkeit der Deutschen ist wahrscheinlich ihre Differenz zueinander: Deutsche hören Hiphop oder Schlager, gehen ins Theater oder zum Oktoberfest, besuchen mit Studiosus-Reisen die Türkei oder australische Sexpartys, manchmal auch beides. Leitkultur funktioniert in einer solchen radikal vielfältigen Gesellschaft nicht, weil es kein dominantes Zentrum mehr gibt. Und wenn überhaupt, dann wäre sie eben nicht nur Schiller, Revolverheld und Zwiebelkuchen, sondern auch May Ayim, Russendisko und Baklava. Aber das ist natürlich nicht gemeint, wenn von Leitkultur die Rede ist.

Die beeindruckende Reihe wissenschaftlicher Arbeiten etwa von Isolde Charim[22] oder den bereits erwähnten Aladin El-Mafaalani[23] und Naika Foroutan[24] verdeutlicht, dass alle, die von dieser neuen gesellschaftlichen Realität wissen wollen, auch davon wissen können. Die Frage ist also nicht, ob wir mit Foroutan tatsächlich in einer »postmigrantischen« oder mit Isolde Charim in einer »pluralisierten Gesellschaft«[25] leben. Aus Perspektive der Gegenwartsbewältigung ist vielmehr entscheidend, warum sich bestimmte Annahmen kultureller Dominanz einer radikal gewandelten gesellschaftlichen Realität zum Trotz beständig halten.

In seinem eingangs zitierten Essay »Der ewige Faschismus« identifizierte der italienische Semiotiker Umberto Eco 1995 Merkmale faschistischer Ordnungen. Gleich als Erstes verweist er auf einen »Kult der Überlieferung«[26], bei dem der fortwährende Bezug auf eine vermeintlich positive Vergangenheit die Gegenwart aufwertet. Ich denke, derartige Selbstsuggestion spielt auch für das Verständnis von Gesellschaft und Politik im postnationalsozialistischen Deutschland eine entscheidende Rolle. Die aktuelle Idealisierung der deutschen Geschichte und Kultur ist hoffentlich kein Vorbote eines neuen Faschismus. Aber sie ist ein Zeichen dafür, dass ein Teil dieser Gesellschaft seinen eigenen emotionalen Bedürfnissen auf den Leim geht. Konzepte, die über Jahrhunderte entwickelt und eingeübt wurden, werden unter gänzlich geänderten Bedingungen verwendet, weil sie dem

Anschein nach auch unter diesen neuen Bedingungen Orientierung und Stabilität bieten. Das vielleicht deutlichste Beispiel dafür ist das gegenwärtig wieder immens politisch aufgeladene Konzept von *Heimat*.

Konzepte werden nicht dadurch gut, dass sie sich gut anfühlen. Im Gegenteil verdeckt das Angenehme häufig die Gefahren, die es gesellschaftlich produziert. Das hat die von der AfD unterstützte und von demokratischen Parteien kalkulierte Wahl eines Ministerpräsidenten in Thüringen im Februar 2020 eindrucksvoll demonstriert. Dieses Ereignis, eine demokratische Polarkappenschmelze erster Güte, machte deutlich, dass die Vertreter*innen der selbsterklärten bürgerlichen Mitte zur Durchsetzung ihrer Interessen im Zweifelsfall eiskalt mit einer völkischen Partei paktieren, die die Gleichberechtigung der vielfältigen Bevölkerung dieses Landes und damit das Fundament der Demokratie bedroht.

Es mag ein kalendarischer Zufall sein, dass nur wenige Wochen nach Thüringen ein rechter Terrorist in der hessischen Kleinstadt Hanau zehn Menschen erschoss, weil sie nicht seiner rassistischen Vorstellung von Deutschland entsprachen. Aber eine solche Ereignisdichte ist Ausdruck einer veränderten gesellschaftlichen Bedrohungslage, für deren Bewältigung tradierte Deutungsangebote und Handlungsstrategien schlicht nicht mehr ausreichen.

Dieses Buch ist eine Streitschrift, die ich geschrieben habe, weil ich parteiisch bin. Ich schreibe das hier nicht für irgendwelche Rechten, sondern für meine Kolleg*innen, die wegen rechter Drohungen ihre Wohnungen wechseln müssen. Ich schreibe es für meine Familie und meine Freund*innen: Wir halten uns fest. Ich schreibe es für den jüdischen Punk, der als einziger Linker in einem Dorf in Hessen aufwuchs und bei einer meiner Lesungen saß und nickte. Ich schreibe es, weil da nur eine einzige dicke Holztür war zwischen dem schwer bewaffneten Nazi und den Betenden in Halle. Ich schreibe es, weil die Türen der Shishabars in Hanau sich ein halbes Jahr später widerstandslos öffnen ließen.

In den Monaten der Ausbreitung des Corona-Virus ist ein starker Staat zurückgekehrt, der dringend der kritischen Begleitung bedarf. Im Kielwasser der Gesundheitskrise wird das langjährige Versagen etablierter politischer und ökonomischer Modelle, der gesellschaftlichen Gegenwart gerecht zu werden, für alle sichtbar, die sehen wollen. Die Solidarisierung von Staat und Gesellschaft mag sich beim *Märzerlebnis* 2020 gut angefühlt haben, aber innen wie außen fallen andere aus dem Raster. Sie sind nicht unsichtbar. Sondern Menschen. Diese Gesellschaft ist in den letzten Jahrzehnten eine andere geworden. Darum können wir sie anders denken. Und diese Gesellschaft wird bedroht von ihrer eigenen Vergangenheit. Darum müssen wir sie anders denken. Und zwar so, dass alle in ihr geschützt werden – und nicht nur manche. Gegenwartsbewältigung eben.

# ICH KENNE KEINE PARTEIEN MEHR, ICH KENNE NUR NOCH HEIMAT

Deutschlands zwanziger Jahre des einundzwanzigsten Jahrhunderts begannen mit einer Reihe gewaltiger Paukenschläge, von denen das Virus SARS-CoV-2 nur der vorläufig letzte war: der Angriff auf die Synagoge in Halle im Oktober 2019 und die eskalierende Situation an der türkisch-griechischen Grenze, die Kooperation zwischen CDU, FDP und völkischen Rechten im Thüringer Landtag Anfang Februar 2020 und die Terrorangriffe von Hanau im selben Monat. In den Monaten, in denen ich mich abwechselnd über die Nachrichtenseiten und das Manuskript dieses Buches beugte, schien alles wie im Schnelldurchlauf an mir vorbeizuziehen, das in Deutschland schiefläuft. Es schien, als kehrten mit den zwanziger Jahren auch Konzepte zurück, von denen die vielbeschworene Mehrheitsgesellschaft lange Zeit glaubte, sie wären mit dem Nationalsozialismus auf Dauer diskreditiert: völkisches Denken, Heimatdiskurse und die deutsche Leitkultur.

Diese Rückkehr totgewünschter Konzepte lässt sich auch als Ausdruck eines Verlustes verstehen. Denn wir befinden uns inmitten eines Epochenwechsels der Erinnerung. In wenigen Jahren werden wir den Nationalsozialismus nur noch in materiellen Zeugnissen und öffentlichen Ritualen, Theaterstücken und Romanen nachvollziehen können. Dieser Verlust lebendigen Wissens erzeugt eine Leere, die auf unterschiedliche Weise gefüllt werden kann. Eines der zunehmend verabreichten Mittel aus dem Giftschrank der Politik ist Umberto Ecos bereits erwähnter »Kult der Überlieferung«, der sich in einer Art politischer Nostalgie manifestiert. Diese Nostalgie bedarf zweier Elemente – einer Krisenwahrnehmung in der Gegenwart und eines historischen Bezugspunkts, der weit genug entfernt ist, um sich zur Idealisierung zu eignen. Man kennt das aus eigener Erfahrung – manche etwa erinnern sich an die stickige Plattenbauwohnung, in der sie groß wurden und die ihnen im Nachhinein heimelig erscheint. Andere an die übergriffige Beziehung, die ihnen einige Jahre später vertrauensvoll vorkommt. Und wieder andere an die vergangene Diktatur, nach deren Stabilität sie sich mittlerweile wieder sehnen.

Während Objekte mit zunehmender Entfernung kleiner werden, scheinen die Gegenstände der politischen Nostalgie zu wachsen, je weiter wir uns von ihnen entfernen. Zweifelsohne existiert dieses Phänomen nicht nur hierzulande, sondern stürmt derzeit in vielen Teilen der Welt und Europas die politischen Charts – für England als regressive Wiederbelebung des British Empire im Brexit-Format, für Ungarn in Victor Orbans braunen Ermächtigungsgesetzen, und für Deutschland … ja, für Deutschland ist es schwieriger. Denn man kann noch so viele Stadtschlösser wieder aufbauen und darin kleptomanische Humanisten verehren, sich mittels Serien und Partys nach Zwanziger-Jahre-Charleston-Tänzen sehnen oder jüdische Sportfestspiele im 1936 errichteten Olympiastadion feiern – stets merkt man den Inszenierungen die Mühe an, mit der sie versuchen, der deutschen Vergangenheit auch positive Seiten abzuquetschen, als wäre noch etwas drin in dieser Tube.

> Wir haben eine ruhmreiche Geschichte, die länger dauerte als 12 Jahre. Und nur wenn wir uns zu dieser Geschichte bekennen, haben wir die Kraft, die Zukunft zu gestalten.[1]

Dieses Zitat könnte von jeder*m beliebigen Nostalgiker*in stammen, ist aber von Alexander Gauland. Und zwar aus derselben Skandalrede, in welcher der Vorsitzende der AfD im Juni 2018 Hitler und die Nazis als Vogelschiss bezeichnete, als Lappalie innerhalb einer an sich ruhmreichen deutschen Geschichte. Ob rhetorisch oder ernst gemeint, ich möchte direkt die Gegenfrage stellen, welche Dinge Gauland von den »großen Gestalten der Vergangenheit von Karl dem Großen über Karl V. bis zu Bismarck«[2] konkret zu lernen wünscht. Vielleicht Strategien zum Verhökern eines ganzen Kontinents, wie von Bismarck bei der Westafrika-Konferenz, die 1884/85 auf seine Einladung hin in Berlin stattfand und die Aufteilung Afrikas unter den europäischen Großmächten zur Folge hatte?

Der AfD ist an so vielen Stellen Revisionismus vorgeworfen worden, dass manchmal aus dem Blick gerät, wie sehr sie mitunter auf Augenhöhe mit der Gegenwart operiert. Man sieht das auch an der äußerst heutigen Vorgehensweise in Gaulands Rede: Selbstverständlich bekennt er sich zuerst zur Verantwortung für die zwölf Jahre Nationalsozialismus, ehe er sein Recht behauptet, »den Stauferkaiser Friedrich II., der in Palermo ruht, zu bewundern«.[3] Der deutsche Nostalgiker von Welt macht eben die vorbildliche Aufarbeitung des Nationalsozialismus zum Ausgangspunkt für eine Rekonstruktion seines Nationalstolzes aus den Tiefen der deutschen Geschichte und Kultur. Das verbindet einen AfDler wie Gauland mit zahlreichen anderen konservativen und nostalgischen Akteur*innen: Die Vorstellung, der Nationalsozialismus dürfe nicht dazu führen, gleich alle Kronjuwelen des deutschen Nationalismus aufzugeben, der Glaube, eine Besinnung auf die »eigenen« Wurzeln sei eine adäquate Antwort auf die Herausforderungen der Gegenwart.

Der Sozialwissenschaftler Samuel Salzborn vertritt die These, dass die Erinnerungsarbeit nach 1945 auf die *Kollektive Unschuld*[4] der Deutschen gezielt habe. Ich will das für die Gegenwart spezifizieren: Das ritualisierte öffentliche Eingeständnis kollektiver Schuld erlaubt seit den achtziger Jahren die Behauptung *individueller* und *familiärer* Unschuld, während Rassismus und Antisemitismus fröhlich Urständ feiern. Die von Gauland bemühte »vorbildliche« Erinnerung an den Holocaust ist in den vergangenen Jahrzehnten zur Grundlage eines neuen deutschen Nationalstolzes geworden, mit dem sich breite Teile der Gesellschaft identifizieren können, was seinen überwältigenden Ausdruck bei der Weltmeisterschaft 2006 in Deutschland fand. Diese Verbindung von Gedenken und nationaler Selbstaufwertung unterstreicht noch einmal die paradoxen Effekte der vermeintlich vorbildlichen deutschen Erinnerungskultur.

Das in den letzten Jahrzehnten verstärkte öffentliche Erinnern hat in deutschen Familien weniger zu einem stärkeren Bewusstsein für Verstrickungen mit dem Nationalsozialismus geführt, als dass die öffentlichen Erinnerungsrituale als Ersatzhandlungen dienen, die das individuelle Vergessen erleichtern. Reden Sie mal mit Ihren Freund*innen oder sprechen Sie einfach ein paar Leute auf der Straße an. Rassistisches Denken und völkischer Nationalismus sind auf Familienfeiern und Dorffesten so normal wie Mettigel und

Sprühsahne. Der ansonsten total liebe Opa, der sich schon mal verächtlich über Flüchtlinge und Musliminnen äußert, ist im Zweifelsfall einfach ein bisschen komisch und kein rassistisches Arschloch. Angesichts solcher allgegenwärtiger Verharmlosungen drängt sich mir die Frage auf, ob die so vorbildliche deutsche Erinnerungskultur nicht vor allem vorbildlich an der Unfähigkeit mitwirkt, konkrete politische Entwicklungen als Kontinuitäten einer jahrhundertelang tradierten Ideologie und Praxis zu deuten. Ob also das Gedächtnistheater weniger der Kritik der Gegenwart dient als der Bewältigung der Vergangenheit.

Die Dethematisierung persönlicher oder familiärer Verstrickung kommt dem neuen Nationalismus entgegen, weil sie die Abwehr von Erinnerung erleichtert: Wir lassen uns nicht weiter ein schlechtes Gewissen einreden! Und dann malst du dir die Fahne auf die Wange und schaltest bei der nächsten Nazi-Doku kopfschüttelnd weiter, weil immer gehts um den Holocaust, und was hat das schon mit dir zu tun? Die öffentliche Inszenierung kollektiver Verantwortung für den Nationalsozialismus und seine Verbrechen hat die Verdrängung biografischer Bezüge zu dieser Geschichte völlig normalisiert. Das spielt der AfD in die Hände, die mühelos an die weitverbreitete Haltung anknüpfen kann, dass man keinen persönlichen Bezug zu dieser Geschichte hat und sich darum auch nicht ewig zwölf vogelschisskleine Jahre vorwerfen lassen müsse.

Den zwölf Jahren Nationalsozialismus stellen die Nostalgiker*innen jeder Couleur dabei mit Vorliebe das Gewicht einer mindestens tausendjährigen deutschen Geschichte gegenüber. Aber diese Geschichte ist kein Kaufhaus für Vintage-Klamotten. Sondern eher ein Beutel gebrauchter Markenschlüpfer, die man auch dann nicht kaufen sollte, wenn Hugo Boss draufsteht. Besonders dann nicht. Dass sie in letzter Zeit trotzdem immer wieder herausgekramt werden, hat auch mit der Behauptung zu tun, dass wir dringend eine neue Erzählung bräuchten, um die Gesellschaft zusammenzuhalten. Ich finde dieses Argument kurios. Ich dachte nämlich immer, das Grundgesetz basierte bereits auf einer großen Erzählung – nämlich der Gegner*innenschaft wider den Nationalsozialismus, der zuvor von einer überwältigenden Mehrheit der deutschen Bevölkerung bis zum bitteren Ende getragen wurde. Wer sich gegenwärtig statt mit der realen Bedrohung von rechts lieber mit dem vermeintlichen Mangel gesellschaftlichen Zusammenhalts und großer Erzählungen beschäftigt, der tut so, als gäbe es nicht schon ein Fundament, auf dem das postnationalsozialistische Deutschland errichtet worden ist. Nein, es fehlt keine große Erzählung. Es fehlt die Kritik der gefährlichen politischen Denktraditionen, gegen die der Staat, in dem wir leben, gegründet wurde. Und diese Kritik heißt Antifaschismus.

In den letzten Jahren erleben wir die rasante Rückkehr völkischen, rassistischen und antisemitischen Denkens, das in Teilen auf eine über tausendjährige deutsche Tradition zurückblickt. Angesichts dieser Geschichte möchte ich für eine Perspektive plädieren, die die Realität der postmigrantischen Gesellschaft anerkennt, gerade auch in ihrem Potenzial für historische und kulturelle Bezugspunkte jenseits dieser deutschen Traditionen. Eine zentrale Frage der Gegenwartsbewältigung ist nämlich, wie wir unser politisches Denken so einrichten können, dass die AfD unmöglich wird. Von einer solchen Perspektive ist die deutsche Parteienpolitik derzeit meilenweit entfernt. Sonst wäre vollkommen unverständlich, warum in so vielen politischen Statements, Programmschriften und Handlungen ein Konzept wie *Heimat* hervorgekramt wird, als bestünde das Problem mit der deutschen Geschichte nur in Sieg-Heil-Rufen, Welteroberungsplänen und Gaskammern. Und als wäre nicht gerade eine völkische Partei dabei, den ganzen plural-demokratischen Laden zu demontieren.

Als Politiker*in des 21. Jahrhunderts spricht man nicht mehr vom deutschen Volk, sondern von Heimat – und zwar von CDU über SPD bis zu den Grünen.[5] Das wird mit einer so kuhäugigen Naivität vertreten, als handelte es sich beim Heimatbegriff gar nicht um ein tradiertes politisches Konzept, sondern um die Erinnerung an eine irreale, mit dem Weichzeichner einer Sissi-Verfilmung behandelte Kindheit bei irgendeiner Klappermühle am rauschenden Bach. Aber die Erzählung einer angeblich ungetrübt schönen Nachkriegszeit ist eine groteske Verzerrung der Realität in den drei Folgestaaten des Nationalsozialismus. Sie blendet den jüdischen Mitschüler aus, der auf den Schulfotos fehlt, die vertriebene intellektuelle Nachbarin, von der die Mutter oder Großmutter vor 1933 Zucker borgte und bei der immer noch bis spätnachts Licht brannte, den kommunistischen Fußballtrainer, der irgendwann verschwand und auch nach dem Krieg nicht zurückkehrte, die Naziuniformen, die die Verwandten in den Fotoalben tragen und dann auf den Dachböden aufbewahrten, als wären sie ein abgelegtes Karnevalskostüm …

Vor zwanzig Jahren noch hätte kaum ein linker Politiker arglos von »Heimat« gesprochen, mittlerweile schmückt das H-Wort Kochbücher, Babywäsche, Restaurants und hippe Technoclubs und hat es sogar bis ins Innenministerium geschafft. Will man in Deutschland 2020 ohne »deutsche Heimat« leben, muss man das Internetkabel aus der Buchse ziehen und die Rollläden runterfahren. Die neue deutsche Heimatliebe behauptet dabei eine Normalität, die sich in den Jahren seit der Shoah einfach nicht einstellen will und die sich gerade deshalb auf das Verständnis von Geschichte wie Gegenwart auswirkt. In der Heimat erschießt nämlich kein Attentäter zehn Menschen in einer deutschen Kleinstadt, brennen keine Unterkünfte von Geflüchteten, werden auch keine Synagogen angegriffen ... Wie mich die endlosen guten Willensbekundungen der Heimatfreund*innen ermüden, wenn sie jedes Mal wieder überrascht die Köpfe schütteln, weil's mal wieder nicht geklappt hat mit der positiven Erzählung von der lieben Heimat.

Man kann das Elend an nahezu beliebig vielen Beispielen nachvollziehen – von der Bahlsen-Erbin, die von der guten Behandlung der Zwangsarbeiter durch ihre Firma faselt, bis zur Bundeswehr, die in ihrer Werbekampagne mit »Gas, Wasser, Schießen« titelt und nicht versteht, was die Nachfolgeinstitution der Wehrmacht vom Klempner-Comic *Werner* unterscheiden könnte. Der deutsche Wunsch nach Heimat ist Ausdruck jener Idealisierung, die im besten Fall Selbstbetrug – und im schlechtesten Fall böser Wille ist. Es macht ja auch einen Unterschied, ob »Wir lieben Kinder« an einem Kindergarten oder einem Priesterseminar steht. Statt das einzusehen, verweist man wieder und wieder auf die eigene demokratische Intention, als wäre damit alles Notwendige bereits gesagt. Und als könnte es in einer »Schule ohne Rassismus« keinen Rassismus geben. Was sich kaum noch von der kalkulierten Einfalt des bereits erwähnten Gauland unterscheidet, der 2020 argumentierte, Björn Höcke könne kein

Faschist sein, denn er sitze ja im Thüringer Landtag, und da seien Faschist*innen verboten.[6]

Solche dreisten Erwiderungen beweisen einmal mehr, dass nicht alle Rechten doof sind. In endloser Variation verkünden sie ihre in Naivität gehüllte Lüge, in Deutschland sei nach 1945 schon darum kein individueller oder staatlich unterstützter Faschismus, Antisemitismus oder Rassismus mehr möglich, weil das nicht mehr dem staatlichen Leitbild entspreche. Auch Gauland findet ja den Holocaust schlimm, um dann die Verteidigung der guten deutschen Kultur und der schönen Heimat gegen den Islam zu fordern. Es sei eben nicht alles schlecht gewesen in der deutschen Geschichte – diese notorische Verbindung von Erinnerungskultur und Nationalstolz ist weit über die AfD hinaus Konsens.

Damit ist die Pointe der Anerkennung der deutschen Verbrechen aber eben nicht mehr die Anerkennung der deutschen Verbrechen, sondern die Verortung der eigenen politischen Perspektive auf Seiten der Guten, die es sich erlauben können, endlich wieder stolz zu sein auf Deutschland. Nicht Antifaschismus ist dann die Lehre aus der Geschichte, sondern das Gedächtnistheater als Schutz gegen eine Kritik bestimmter deutscher Traditionen politischen Denkens bis in die Gegenwart.

Die Immunisierung durch die Erinnerungskultur ist die Voraussetzung für ein nostalgisches Denken, das in der Gegenwart realisieren möchte, was in der Vergangenheit nie existiert hat. Ich möchte ein solches Denken in Anlehnung an den Kabbalaforscher Gershom Scholem als *regressive Utopie*[7] bezeichnen, in dem sich unterschiedlichste politische Milieus von den Grünen bis zur AfD treffen. Angesichts der gänzlich unheimeligen deutschen Gegenwart behilft man sich mit dem Hinweis, die brennenden Flüchtlingsheime, die Tritte gegen die Bäuche schwangerer muslimischer Frauen, der Antisemitismus auf den Pausenhöfen und die sexuelle Gewalt bei traditionsreichen Großveranstaltungen von Oktoberfest bis Karneval gehörten eben nicht zum privaten Wunschdeutschland dazu. Und sollte das nicht ausreichen, unterstreicht man die Integrität der eigenen Absichten: Weil wir es nicht böse *meinen*, kann es auch nicht schlecht sein, wenn wir uns Heimat oder, dazu im nächsten Kapitel mehr, Leitkultur wünschen.

Die Haltung politischer Naivität funktioniert folgendermaßen: Man malt sich aus, wer man sein will und darum auch gewesen sein muss – und ignoriert alles, was sich nicht entsprechend verhält. Solches politisches Wunschdenken hat Tradition in Deutschland und manchmal zu Ergebnissen geführt, die in der Rückblende recht ulkig anmuten. Ein großer Teil der deutschen Bevölkerung etwa war um die Wende zum zwanzigsten Jahrhundert begeistert von der Idee, man müsse dem britischen Weltreich mit einer starken Marine Paroli bieten.[8] Ritterlich wollte man sein und sich zu maritimen Entscheidungsschlachten rüsten, als befände man sich in einem jener pompösen Historienromane, die bereits ein gutes halbes Jahrhundert früher in Mode gekommen waren. Also gab das Deutsche Reich Staatsanleihen aus, die von den deutschen Bürgern emsig gekauft wurden, und begann, riesige Schlachtschiffe zu bauen. Das Problem dieses nautischen Nibelungenlieds war bloß: Es funktionierte nicht. Die wendigen und schnellen britischen Boote begnügten sich damit, die Häfen und Zugänge zur Nordsee zu blockieren, so dass kriegswichtige Lieferungen nicht nach Deutschland kommen konnten. Sie drängten der deutschen Marine eine Kriegsführung auf, auf die die ritterlichen Schlachtschiffe keine Antwort waren.

Der deutsche und jüdische Denker Fritz Stern analysierte diese deutsche Tradition des »politischen Irrationalismus« kurz nach Ende des Zweiten Weltkriegs. In seiner Studie *Kulturpessimismus als politische Gefahr*[9] arbeitete er heraus, wie dieser von einer zunächst künstlerischen Vorstellung über die völkischen Fantasien des späten 19. Jahrhunderts bis zur konservativen Revolution der zwanziger Jahre des 20. Jahrhunderts reichte. Stern bezeichnet dieses Denken als

> völkische Ideologie, weil ihre wichtigsten Ziele die Wiederbelebung eines mystischen Deutschtums und die Schaffung von politischen Institutionen waren, die diese deutsche Eigenart verkörpern und wahren sollten.[10]

Der politische Irrationalismus, von dem Stern sprach, setzte sich jenseits aller militärischen Planung in der Nachkriegszeit fort. Die Philosophin Hannah Arendt schilderte in ihrer 1949/50 entstandenen und nach wie vor äußerst lesenswerten Reportage *Besuch in Deutschland* den allerorten anzutreffenden Hang der deutschen Bevölkerung, die Realität des Nationalsozialismus, die tiefgreifende Zerstörung Deutschlands und die eigene schuldhafte Verstrickung einfach zu ignorieren. Nachdem sie eine Reihe sich in Jämmerlichkeit überbietender Beispiele genannt hat, vermerkt Arendt mit beeindruckender Aktualität:

> Der wohl hervorstechendste und auch erschreckendste Aspekt der deutschen Realitätsflucht liegt jedoch in der Haltung, mit Tatsachen so umzugehen, als handele es sich um bloße Meinungen.[11]

Der Hang zur Realitätsflucht hat in Deutschland lange vor den Nationalsozialist*innen begonnen, und mit ihrer Niederlage verschwand er nicht. Vielmehr profitierte die Nazi-Propaganda von einer tiefsitzenden Bereitschaft, lieber das zu glauben, was man sich wünscht, als das, was vor den eigenen Augen geschieht. Diese Form von politischem Irrationalismus scheint auch heute aktuell zu sein, was sich auch an Begriffen wie Heimat oder Leitkultur zeigt. Statt die Realität der Bedrohung von rechts anzuerkennen, antwortet man mit dem Verweis auf eine idealisierte deutsche Vergangenheit. Die Tatsache, dass etwa das 2017 eigens neu so getaufte »Heimatministerium« bislang keineswegs zur Schwächung der AfD geführt hat, ist ein starkes Indiz dafür, dass solches politisches Wunschdenken auch diesmal wieder an der Realität scheitern wird.

Die Geschichte verschwindet durch ihre Idealisierung nicht. Vielmehr ermöglicht diese Idealisierung die Verniedlichung des Nationalsozialismus als ärgerlicher, aber schnell abwaschbarer Vogeldreck. Da sich die Menschen aber allerorten nur gute Absichten unterstellen, bauen sie einfach weiterhin den Wohnsitz des preußischen Kaisers in Berlin wieder auf und merken gar nicht, dass sie damit teilhaben an derselben Neuerfindung einer großartigen deutschen Vergangenheit, um die es auch Gauland geht. Die Rechten sind in seit 1945 beispielloser Stärke zurück auf der politischen Bühne - und Politiker*innen sprechen davon, wir lebten in einer anti-antisemitischen, antirassistischen Heimat. O-Ton des Bundespräsidenten: »Ich bin überzeugt, wer sich nach Heimat sehnt, der ist nicht von gestern.«[12] Hallo, Deutschland, ist da noch jemand in der Leitung? Hört hier überhaupt noch eine*r zu, was da draußen passiert?

# QUARANTINI-TIME FÜR DIE DEUTSCHE LEITKULTUR

Die erzwungene Isolation, in der Deutschland sich ab Mitte März 2020 befand, führte bekanntlich schon in den ersten Wochen zu einem Innovationsschub. All die digitalen Videoformate, Konferenzen, Präsentationen, Lesungen und Performances vor unseren Laptop-Kameras, für die wir uns vermutlich noch lange schämen werden. Scherz. Ungleich wichtiger und produktiver war da schon die Erkenntnis, welche Dinge wirklich notwendig sind für ein Zusammenleben in diesem Land. Wir gaben uns beispielsweise kaum noch die Hand und wendeten uns auch nicht mehr die Gesichter zu – und die deutsche Gesellschaft brach nicht zusammen. Dabei waren das doch zwei jener untrüglichen Zeichen, die der ehemalige Innenminister Thomas de Maizière 2017 als Ausdruck deutscher Leitkultur bezeichnet hatte. Aus seinem »Wir sind eine offene Gesellschaft. Wir zeigen unser Gesicht. Wir sind nicht Burka«[1] wurde im Frühling 2020 ein »Wir sind Schutzmaske«.

Im Neonlicht der Handyscreens und Krankenhauslampen erhielten die Dinge schärfere Konturen, als sie zuvor gehabt hatten. So ermöglichte die Ausnahmesituation auch einen neuen Blick auf die unmittelbare Gegenwart und ihr kulturelles Selbstverständnis. Die Ausgangssituation ist in den letzten Jahren unterschiedlich gedeutet worden, prominent etwa durch Andreas Reckwitz. Der Soziologe an der Berliner Humboldt-Universität geht für derzeitige westliche Gesellschaften von der Existenz zweier entgegengesetzter Kulturverständnisse aus: Während (neue) mobile Eliten ein »kosmopolitisches« Kulturverständnis verträten, das Reckwitz als »Hyperkultur« bezeichnet, folgten nichtmobile Bevölkerungsteile aus (alter) Mittel- und (neuer) Unterklasse einem Kulturessenzialismus, der »Kultur als feste[n] Ort beziehungsweise als Medium der kollektiven Identität von Gemeinschaften« begreife.[2] Also etwa als klar von anderen Staaten abgrenzbare Vorstellung einer nationalen Kultur.

Einer solchen Vorstellung steht Reckwitz zufolge die elitäre Hyperkultur gegenüber, bei der die »globale Kultur als ein einziges, riesiges Reservoir vielfältiger Ressourcen der Selbstverwirklichung«[3] gilt – statt Leitkultur also ein kultureller Selbstbedienungsladen von Aikido bis Yoga, vom Leben in skandinavischem Design bis zur gediegenen Abendgestaltung mit einer Arte-Themennacht zum *Film noir*. Aus den endlosen Regalen der Weltkultur schöpfe eine neue kosmopolitische Elite, um sich in unverkennbarer Singularität, wie Reckwitz das nennt, neu zu erfinden.

Nun ist es vielleicht nicht falsch, dass diese Bedürfnisse nach unverwechselbarer Singularität in manchen Milieus existieren, die Frage ist aber, ob die Gegenüberstellung von Leit- und Hyperkultur die Problemlage angemessen erfasst, die mich im Folgenden beschäftigt. So wissen wir etwa, dass in allen westlichen Gesellschaften (Post)Migrant*innen leben, die in der Mehrheit aus dem Bereich der nationalen Kultur ausgeschlossen sind. Die Forderung nach der Anerkennung dieser (post)migrantischen Realität erfolgt gerade nicht vor dem Hintergrund einer Hyperkultur, sondern will eine Reflexion darüber anregen, *wer* und *was* eigentlich zur Kultur dieses Landes gezählt wird. Damit betreibt sie kein Elitenprojekt, sondern Ideologiekritik.

Auch Reckwitz' Annahme, vor allem Menschen aus der

»neuen Unterklasse« würden die Kultur essenzialisieren[4], geht an der Kritik am Ausschluss migrantischer und migrantisierter Gruppen vorbei, sind doch gerade diese Gruppen in der Unterklasse überproportional vertreten. Ein Zusammenhang, den der Siegener Soziologe Rainer Geißler als *Unterschichtung* bezeichnet, was bedeutet, dass Migrant*innen »in den unteren Schichten häufiger und in den höheren Schichten seltener platziert [sind] als Einheimische«.[5] Die Kritik an Konzepten wie Leitkultur ist auch in diesem Fall keine Elitenperspektive, sondern unterstreicht, dass sich die nahezu doppelt so hohe Zugehörigkeit (post)migrantischer Bevölkerungsteile zur sogenannten Unterschicht auch in einer doppelten Aberkennung ihrer Zugehörigkeit zu Deutschland und seiner Kultur spiegelt. Stichwort Klassismus. Stichwort Rassismus.

Dieser Prozess der Aberkennung kultureller Teilhabe kann durch Reckwitz' Gegenüberstellung einer elitären Hyperkultur und eines Kulturessenzialismus (alter) Mittel- und (neuer) Unterklasse nicht abgebildet werden. Darum meine ich, dass sich diese vielfach gepriesene und ausgezeichnete Anordnung der Gegenwart nicht für eine Kritik der Ausschlüsse eignet, die die hierzulande herrschenden Vorstellungen nationaler Leit- bis Hochkultur produzieren. Sondern im Extremfall sogar dazu führen kann, die Diskussion dieser Ausschlüsse durch die falsche Gegenüberstellung »kosmopolitischer« und »kulturessenzialistischer« Positionen zu verhindern.

Darum soll es im Folgenden gehen. Die Aberkennung kultureller Teilhabe lässt sich gut an folgender Einschätzung der Literaturkritikerin Thea Dorn illustrieren. 2018 urteilte sie in ihrer Gedankensammlung *deutsch, nicht dumpf*:

> Fünfzig bis sechzig Jahre, nachdem die ersten türkischen Gastarbeiter nach Deutschland gekommen sind, müssen wir nüchtern feststellen, dass die deutsche Kultur nahezu nichts von der Kultur in sich aufgenommen hat, die diese Gastarbeiter mitgebracht haben.[6]

Dieses Urteil ist derart weit entfernt von der Realität da draußen, dass ich mich frage, ob Dorn in derselben Zeit lebt. Wie steht es mit den Impulsen, die erst vom Ballhaus Naunynstraße und dann vom Maxim Gorki Theater ausgingen und die mit dem *postmigrantischen Theater* einen zentralen kultur- und gesellschaftspolitischen Begriff des vergangenen Jahrzehnts etablierten? Wie ist es mit Hiphop, Popmusik, Neuer Musik? Wie mit der Literatur, von Sharon Dodua Otoo über Lütfiye Güzel bis Mely Kiyak, von Ronya Othmann über Hengameh Yaghoobifarah bis Deniz Utlu? Und da habe ich noch nicht mal damit angefangen, all die wichtigen jüdisch-migrantischen Stimmen aufzuzählen, die den Laden in den letzten Jahren aufgemischt haben.

Nein, Dorn beschreibt nicht die Gegenwart, ihre Darstellung ist vielmehr ein Symptom dafür, wie eine tradierte Perspektive auf die deutsche Kultur die Wahrnehmung verschleiern kann – eine Perspektive, die zutiefst politisch ist und Ausdruck eines lange kultivierten Selbstverständnisses derjenigen, die sich auch heute nicht vorstellen können oder wollen, dass die Realität sich hierzulande verändert hat. Statt dieses überlieferte kulturelle Selbstverständnis mit der deutschen Gegenwart abzugleichen, vollzieht Dorn ein für Verteidiger*innen nationaler Leitkultur typisches Manöver – sie suggeriert, das entscheidende Problem deutscher und europäischer Kultur läge bei den Kosmopolit*innen, wofür die

Autorin wenig überraschend Reckwitz anführt.[7] Die kosmopolitischen Eliten heißen bei Dorn »kosmopolitische [...] Nomaden«[8] und können keinen »existentielle[n] Schmerz«[9] mehr fühlen, da es ihnen an der Verwurzelung in ihrer jeweiligen nationalen Kultur mangele.

Das ist Kulturessenzialismus, wie er in Reckwitz' Buche steht, und als solcher ganz und gar nicht nur harmlose Sorge um die Qualität von Kunst, wie Dorn ihren Leser*innen gern weismachen möchte. Das wird im historischen Vergleich besonders deutlich. Die Argumentation, erst nationale Verwurzelung ermögliche gute Kunst, erinnert mich nämlich nicht ganz zufällig an den berüchtigten Essay des Pompkomponisten Richard Wagner *Das Judenthum in der Musik* von 1869[10], einen Text, den Dorn als bekennender Opernfan sicherlich kennt. Dort heißt es über die Sprache:

> Eine Sprache, ihr Ausdruck und ihre Fortbildung, ist nicht das Werk Einzelner, sondern einer geschichtlichen Gemeinsamkeit: nur wer unbewußt in dieser Gemeinsamkeit aufgewachsen ist, nimmt auch an ihren Schöpfungen theil.[11]

Für Wagner wie für Dorn auf ihre je spezifische Weise ist eine Verwurzelung in der jeweiligen nationalen Kultur Voraussetzung für gelingende Kunst. Dorn bezeichnet das als »kulturelle Identität«, die sie konsequenterweise für »höchst verwandt, wenn nicht gar für austauschbar«[12] mit dem Begriff Heimat hält. Erst die Verwurzelung in der jeweiligen Kultur bilde die Voraussetzung für einen »tiefen, echten Schmerz [...], der dann unweigerlich zum Schmerz übers Allgemein-Menschliche in all seinen Irrungen und Wirrungen wird«.[13] Dieser kulturellen

Verwurzelung stehen diejenigen gegenüber, denen es an Wurzeln mangelt. Wer das sein könnte? Bei Dorn sind es die »Globalhedonisten, die rastlos durchs Internet surfen oder um den Globus jetten, jeder Rosine hinterherjagend, die ihnen verlockend erscheint«[14]. Beim Antisemiten Wagner sind es bekanntermaßen die Juden unter den Komponisten, über die er schreibt, sie würfen

> die verschiedenen Formen und Stylarten aller Meister und Zeiten durch einander. Dicht neben einander treffen wir da im buntesten Chaos die formellen Eigenthümlichkeiten aller Schulen angehäuft.[15]

Richard Wagner formuliert hier ein paar Glaubenssätze eines spezifisch deutschen Nationalismus, in dem sich völkisches Denken und die Vorstellung kultureller Überlegenheit verbinden und auf den ich gleich genauer eingehen werde. Nun bin ich mir sicher, dass Dorn Wagners Antisemitismus nicht teilt. Aber die Bezüge zu diesem Denken reproduziert sie doch mit derselben Naivität, die sich auch bei der Wiederaufnahme des politischen Heimatbegriffs findet: Weil man es gut meint und es sich außerdem gut anfühlt, muss es auch gut sein. Der Vergleich mit Wagners antisemitischer Bestimmung guter Kunst könnte hier als Warnung dienen, sich immer wieder das Fahrwasser bewusst zu machen, in das man sich begibt, wenn man in der Gegenwart einen nationalen oder europäischen Kulturessenzialismus vertritt. Und dafür sei ein letztes Mal aus Wagners Essay zitiert:

> Unsre ganze europäische Civilisation und Kunst ist aber für den Juden eine fremde Sprache geblieben; denn, wie an der Ausbildung dieser, hat er auch an der Entwickelung jener nicht theilgenommen, sondern kalt, ja feindselig hat der Unglückliche, Heimathlose ihr höchstens nur zugesehen. In dieser Sprache, dieser Kunst kann der Jude nur nachsprechen, nachkünsteln, nicht wirklich redend dichten oder Kunstwerke schaffen.[16]

An dieser Stelle ein terminologischer Exkurs, damit klar wird, was gemeint ist, wenn ich das Adjektiv *völkisch* verwende, um damit eine spezifisch deutsche Tradition politischen Denkens zu bezeichnen. Laut Wolfgang Pfeifers *Etymologischem Wörterbuch des Deutschen*[17] ist der Ausdruck »Volk« bereits für das 8. Jahrhundert belegt. Abgeleitet vom urgermanischen Begriff »fulka« für »Kriegsschar« bedeutete er so viel wie »viele Menschen«, wahrscheinlich verbunden mit dem lateinischen Wort »plēbs« für »Volksmenge« in Abgrenzung zu anderen Gesellschaftsschichten wie den Adeligen oder dem Klerus. In seiner frühen Bedeutung verwies der Begriff also entweder auf eine Menge von Menschen oder auf Angehörige nicht herrschender Schichten. Diese ursprüngliche Bedeutung hat sich in Wendungen wie »einfaches Volk« oder »Fußvolk« bis in die Gegenwart erhalten. Das dazugehörige Adjektiv »völkisch«, von »volckisch«, kann erst für das späte 15./frühe 16. Jahrhundert nachgewiesen werden.[18]

Das »Volk« existierte zunächst nur im Singular, also gerade nicht im Sinne mehrerer konkurrierender »Völker«. Dafür brauchte es erst eine Begriffsverschiebung, die Ende des 18. Jahrhunderts stattfand und bei der das Volk zunehmend in die Nähe des in Deutschland aufkommenden Nationalismus rückte. Im Zuge dieser Entwicklung löste sich der Begriff von der Bezeichnung einer Gruppe *innerhalb* der Gesellschaft und wurde Teil spezifisch deutscher Zugehörigkeitsvorstellungen. Ab dem 19. Jahrhundert stand »Volk« für eine gesamte Nation, die eine Dichtung, eine Sprache, einen Erfahrungsraum teilte, kurz: eine Kultur. Erst diese Nationalisierung und Kulturalisierung des deutschen Volkskonzepts machte Kombinationen wie »Volksgemeinschaft« oder »Volksdeutsche« grammatikalisch möglich und intellektuell denkbar – ihre realen Effekte kann man in jeder Gedenkstätte der Opfer des Nationalsozialismus studieren.

Man täte dem Volksbegriff jedoch unrecht, würde man nicht zugleich auf die Entstehung der ersten deutschen Demokratie hinweisen. In Artikel 1, Absatz 2 der Weimarer Verfassung von 1919 hieß es – und heißt es heute in leicht veränderter Form auch im Grundgesetz: Die Staatsgewalt geht vom Volke aus. Die Einführung des Staatsvolkes löste den Monarchen als politischen Souverän ab. Das war neu und auch gut. Aber Deutschland wäre nicht Deutschland, hätten die Weimarer Abgeordneten der Verfassung nicht noch eine Präambel vorangestellt. Da heißt es:

> Das Deutsche Volk, einig in seinen Stämmen und von dem Willen beseelt, sein Reich in Freiheit und Gerechtigkeit zu erneuern und zu festigen, dem inneren und dem äußeren Frieden zu dienen und den gesellschaftlichen Fortschritt zu fördern, hat sich diese Verfassung gegeben.[19]

Das Staatsvolk als neuer politischer Souverän definierte sich also vor allem anderen als »einig in seinen Stämmen«. Die Exklusion nicht-ethnischer Deutscher knapp fünfzehn Jahre darauf war darin bereits angelegt. In der Rückschau wirkt diese Präambel wie ein Gift, das jenem zunehmend einflussreichen völkischen Denken rechter Politiker*innen und Denker*innen die Türen öffnete, welches die Weimarer Republik erst schwächte und dann zerstörte. Der Antisemit und Staatsrechtler Carl Schmitt jedenfalls schrieb sieben Jahre nach der Verfassungsgebung der Weimarer Republik in der Vorbemerkung zu seinem berühmten demokratiefeindlichen Aufsatz *Die geistesgeschichtliche Lage des heutigen Parlamentarismus* Folgendes:

> Jede wirkliche Demokratie beruht darauf, daß nicht nur Gleiches gleich, sondern, mit unvermeidlicher Konsequenz, das Nichtgleiche nicht gleich behandelt wird. Zur Demokratie gehört also notwendig erstens Homogenität und zweitens – nötigenfalls – die Ausscheidung oder Vernichtung des Heterogenen.[20]

Das Problem mit diesem Zitat liegt im zweiten Satz – denn da stellt Schmitt der Homogenität die Unterschiedlichkeit gegenüber, als wäre in einer Demokratie nicht notwendigerweise immer beides zugleich vorhanden. Es bedeutete keinen großen Aufwand für die Nationalsozialist*innen, eine solche Definition ein Jahrzehnt später mit konkreten antijüdischen, antikommunistischen und menschenfeindlichen Inhalten in jene Praxis zu überführen, die Vernichtung heißt. Und darum ist es kein Zufall, wenn das Adjektiv völkisch heute oft mit der Herrschaft der Nationalsozialistischen Deutschen Arbeiterpartei von 1933 bis 1945 assoziiert wird. Bereits 1920 hatte die NSDAP in einem 25-Punkte-Programm festgehalten:

> Staatsbürger kann nur sein, wer Volksgenosse ist. Volksgenosse kann nur sein, wer deutschen Blutes ist, ohne Rücksichtnahme auf Konfession. Kein Jude kann daher Volksgenosse sein.[21]

Das ist deutlich, und es überrascht auch nicht, von wem das Programm unterzeichnet wurde – Adolf Hitler. Nun war die NSDAP aber beileibe nicht die einzige Partei, die sich auf den Begriff der »Volksgemeinschaft« bezog. Vielmehr wurde er dem Historiker Hans-Ulrich Thamer zufolge bereits vor 1933 zur »beherrschenden politischen Deutungsformel«[22], die in nahezu allen Parteiprogrammen der Weimarer Republik auftauchte, wenn auch mit unterschiedlichen politischen Inhalten.[23] Prominentester Propagandist der Volksgemeinschaft war sicherlich der bereits eingangs erwähnte Kaiser Wilhelm II., der 1914 anlässlich des Beginns des Ersten Weltkrieges die über jede Politik erhabene Volksgemeinschaft verkündete. Sein Appell schien mir bis zur nationenweiten Beschwörung der »Solidarität« im Corona-März 2020 wie ein Horrorszenario aus ferner Vergangenheit. Seitdem finde ich es gar nicht mehr so verwunderlich, wie sehr die damalige Anrufung der Volksgemeinschaft 1914 auch von Juden, Jüdinnen und Sozialdemokrat*innen als Versprechen auf Zugehörigkeit verstanden wurde.

Das verweist auf die produktive Seite völkischen Denkens. Ein aggressiver Antisemitismus und eine nicht minder aggressive Abwehr aller nicht zu den deutschen »Stämmen« gezählten Menschen markierten nämlich nur die eine, besonders sichtbare Seite. Die Idee des »deutschen Staatsvolks« war auch ein Versprechen auf Integration von Bevölkerungsgruppen, die plötzlich als Deutsche adressiert wurden, obwohl sie am Rande der Gesellschaft standen. In diesem Sinne beschreibt der Historiker Norbert Frei in *1945 und wir. Das Dritte Reich im Bewußtsein der Deutschen* das Potenzial völkischen Denkens, die innerdeutschen Spannungen zwischen unterschiedlichen sozialen und ökonomischen Schichten zu verringern.[24] Ein solches Denken ist produktiv, weil es in der Form *exkludierender Solidarität*[25] durch den Ausschluss Anderer die »Volksgemeinschaft« erst erzeugt, von der es ausgeht. Für die Gegenwart dürfte genau dieser Punkt wichtig sein, um etwa die Erfolge der AfD bei nichtmigrantischen Ostdeutschen zu erklären. Ich komme darauf zurück.

Zunächst aber zur Verbindung von Kultur und völkischem Denken. Das völkische Denken wurde auf dem politisch wie kulturell zersplitterten Territorium des »Heiligen Römischen Reiches deutscher Nation« Ende des 18. Jahrhunderts maßgeblich vom Philosophen Johann Gottfried Herder geprägt, dessen Werk im Geiste der Aufklärung und auch des aufkommenden deutschen Nationalismus steht. In seinen Schriften schnürte Herder dabei ein einflussreiches Gesamtpaket, über das er quer mit breitem Edding das Wort »Volk« taggte. Die Nation war Herder zufolge ein »großer ungejäteter Garte[n] voll Kraut und Unkraut«.[26] Naturhaftigkeit und Gemeinschaft kämen im Volk zusammen, dessen früheste Manifestation Herder in den »ältesten Nationalgesängen« und den unterschiedlichen Sprachen zu finden meinte.[27] Darin kündigt sich eine Verbindung von Volksgedanke und Kultur an, die charakteristisch für das völkische Denken werden sollte.

Nun haben mir die Herder-Experten unter meinen Freund*innen vielfach versichert, dass Herders Arbeiten nicht in eine gerade Linie mit dem völkischen Denken der auf sie folgenden Jahrhunderte gestellt werden könne. Sicherlich stimmt das nicht nur für diesen Denker. Auch Erasmus von Rotterdam kann sich ja nicht mehr dagegen wehren, dass die AfD ihre politische Stiftung nach ihm benannt hat. Und Herder nicht dafür verantwortlich gemacht werden, dass sich die rechtsextreme NPD auf seine Schriften beruft. Mich interessiert das auch gar nicht so sehr. Mir geht es um die *konzeptionelle* Ebene, auf der Herder den Volksbegriff mit dem Nationalgedanken verknüpfte – und beides in spezifischen nationalen Kulturen verortete. Diese Vorstellung machte Schule. Nachdem die anfängliche Begeisterung für die Französische Revolution 1789 unter deutschen Künstler*innen und Intellektuellen mit den Siegeszügen Napoleons in Abneigung umgeschlagen war, suchte man fieberhaft nach Unterschieden. Der romantische Dichter Novalis vermerkte bereits 1799 zur nationalen Besonderheit Deutschlands:

> Deutschland geht einen langsamen, aber sichern Gang vor den übrigen europäischen Ländern voraus. Während diese durch Krieg, Spekulation und Partei-Geist beschäftigt sind, bildet sich der Deutsche mit allem Fleiß zum Genossen einer höhern Epoche der Kultur, und dieser Vorschritt muß ihm ein großes Übergewicht über die andere[n] im Lauf der Zeit geben.[28]

Novalis skizziert in diesem Ausschnitt die Glaubensgrundsätze einer deutschen *Kulturnation*. Besonders die kulturellen Leistungen verschafften Deutschland einen Vorrang vor anderen europäischen Staaten, denen Novalis vor allem ökonomische Interessen zuschreibt, »Spekulation«. In den folgenden Jahren verband sich diese eher romantische Vorstellung einer überlegenen deutschen Kultur mit Herders botanisch-organischer Volksidee zum deutschen Nationalismus, womit dieser sich von seinen englischen oder französischen Ausprägungen zunehmend unterschied.

Friedrich Hölderlins Gedicht »Der Tod fürs Vaterland« ist einer jener vielfach wieder aufgegriffenen ambivalenten Aufrufe zur deutschen Selbstbefreiung – gegen die deutschen Fürstentümer und gegen die äußeren Feinde.[29] Erschienen im selben Jahr wie der Novalis-Auszug, ergießt sich das Gedicht aber ganz unambivalent in Todessehnsucht:

Und Siegesboten kommen herab: Die Schlacht
Ist unser! Lebe droben, o Vaterland,
Und zähle nicht die Toten! Dir ist,
Liebes! nicht Einer zu viel gefallen.[30]

Wäre das ein Songtext, wäre es True Metal. Ist es aber nicht, sondern Hölderlin fasste den Nationalgedanken in künstlerische Form. Dabei gilt wie schon bei Herder: Der Dichter entschied damit nicht, dass die Nazis den Text ihren Wehrmachtssoldaten für die Welteroberung mit auf den Weg gaben. Aber Hölderlins Idealisierung des Sterbens für das Vaterland ist auch nicht ganz ohne Bezug dazu, sonst hätte sie wohl nicht so gut in die Tornister neben die Bahlsen-Kekse gepasst. Ein weiteres Beispiel für solche für den deutschen

Nationalismus überaus anschlussfähige Kunstwerke sind die Gedichte Ernst Moritz Arndts. Anlässlich der Aushebung ostpreußischer Truppen zur Völkerschlacht bei Leipzig 1813 meißelte er folgende Zeilen ins marmorfarbene Papier:

Das ist das Deutsche Vaterland,
Wo Zorn vertilgt den wälschen Tand,
Wo jeder Franzmann heißet Feind,
Wo jeder Deutsche heißet Freund,
Das soll es seyn!
Das ganze Deutschland soll es seyn![31]

Arndt galt und gilt vielen als ein künstlerischer Wegbereiter der Nationenwerdung Deutschlands, was häufig nicht einmal als Kritik gemeint ist. Bis 2017 etwa schmückte sein Name die Universität Greifswald, die die Umbenennung 1933 beantragt hatte. Das Datum verweist nicht gerade auf einen Widerstandsakt. Blättert man ein wenig in Arndts Werk, finden sich neben nationalistischen Texten auch antisemitische Passagen. Überraschung! Mit diesem Nebeneinander von völkischem Denken, Kultur und Antisemitismus sind wir in der Gourmetabteilung des deutschen Nationalismus angekommen. Und die Kunst stand eben nicht daneben, sondern war mittendrin.

Die Verbindung von völkischem Denken und kulturellen Überlegenheitsfantasien zeichnet den deutschen Nationalismus bis heute aus. Sie macht nachvollziehbar, warum von einer Leit*kultur* die Rede ist und weshalb die Beiträge bestimmter Menschen zur deutschen Kultur bis heute für weniger wichtig befunden werden als andere. Das kann sich in offenem Nationalismus ausdrücken oder aber in der naiv vorgebrachten Vorstellung, deutsche Kultur könnte nur gestalten, wer auch in Deutschland verwurzelt sei. Das ist selbstverständlich gequirlter Quatsch und war es auch schon vor zweihundert Jahren. Nicht wenige Werke, die heute zum Kanon gezählt werden, galten zum Zeitpunkt ihrer Entstehung als undeutsch, was besonders auch für Beiträge von Juden und Jüdinnen galt. Das hat sich mittlerweile geändert. 2011 rappte der Hamburger Musiker Samy Deluxe auf seinem Album *SchwarzWeiss*: »Dies ist keine Promotour / Dies ist deutsche Hochkultur«[32]. Ich würde dem Sohn sudanesischer muslimischer und deutscher Eltern glauben. Er weiß besser als die Vertreter*innen einer nationalen Leitkultur, von welcher Gegenwart er spricht.

Die Vorstellung einer reinen und überlegenen deutschen Kultur hat aber auch in den Jahrhunderten des völkischen Nationalismus nie gestimmt. Immer waren da Juden, Frauen, Linke, die das Bild der angestrebten völkischen Reinheit störten. Jenseits der Fantasie deutscher Hoch- und Leitkultur existiert ein riesiges Archiv widerständiger künstlerischer Perspektiven; Werke und Taten, die nicht aufgenommen wurden in den Kanon dessen, was deutsch sein sollte, die sich solchen völkischen und kulturessenzialistischen Vorstellungen entzogen und gegen dieses Denken rebellierten. Zu jedem Zeitpunkt haben Menschen ihre Kunst als Widerstandsform gegen die Herrschenden verstanden. Nach Hanau und Halle, Thüringen und Corona heißt Gegenwartsbewältigung auch, ihre Vermächtnisse zu suchen und nach den Alternativen zu fragen, die sie entwickelten.

# KULTUR GESTERN? FRAGEN AN DIE NACHKRIEGSLITERATUR

Eigentlich begann alles ganz vielversprechend, damals nach dem Zweiten Weltkrieg. Deutschland befand sich nach seinem moralischen, ideologischen und architektonischen Zusammenbruch in einer Situation, in der vieles möglich schien. Die Katastrophe als Chance, Sie kennen das. Eine ganze Reihe von Autor*innen befasste sich mit der Frage, welche Konsequenzen aus dem Nationalsozialismus gezogen werden mussten, auch und gerade für die deutsche Kultur und die deutsche Sprache. Das belegt auch Theodor W. Adornos viel zitiertes Diktum von 1951, nach Auschwitz ein Gedicht zu schreiben sei barbarisch.[1] Während diese für mich immer noch aktuelle These in der Gegenwart eher Unverständnis und Kopfschütteln auslöst, schien sie nach Kriegsende vielen selbstverständlich und wurde lange Zeit ernsthaft und mal mehr, mal weniger produktiv diskutiert.[2]

Entgegen der blödsinnigen Vereinfachung, Adorno habe den Deutschen das Dichten verbieten wollen, ging es dem Philosophen um die drängende Frage, ob Dichtung nach Auschwitz noch dieselbe sein könne – welche Konsequenzen der Holocaust also für die Kunst haben müsse. Ich möchte behaupten, dass diese Frage die künstlerische Praxis seit 1945 begleitet hat – ob durch direkte Thematisierung, bewusstes Verschweigen oder Verdrängung. Am Anfang steht das Nachdenken über die Wirkung, die der Nationalsozialismus auf Sprache und Kultur hatte. Der wohl bekannteste Chronist der Umformung der deutschen Sprache durch die Nationalsozialist*innen ist Victor Klemperer. Der Romanist protokollierte in seinen 1995 vollständig herausgegebenen Tagebüchern sein Überleben in Nazideutschland.[3] Bereits 1947 erschien eine Zusammenfassung dieser Sprachbeobachtungen unter dem Titel LTI *(Lingua Tertii Imperii)* im Aufbau-Verlag.[4] Klemperer kam dort zu folgendem Schluss:

> Wenn den rechtgläubigen Juden ein Eßgerät kultisch unrein geworden ist, dann reinigen sie es, indem sie es in der Erde vergraben. Man sollte viele Worte des nazistischen Sprachgebrauchs für lange Zeit, und einige für immer, ins Massengrab legen.[5]

Dieser Forderung nach einer intensiven Sprachkritik konnte sich eine Handvoll kritischer Germanisten in der deutschen Westzone nur anschließen. Die ersten Texte von Dolf Sternberger, Gerhard Storz und Wilhelm Emanuel Süskind erschienen schon im November 1945 in der Heidelberger Monatsschrift *Die Wandlung*, zwölf Jahre darauf schließlich unter großer Anteilnahme der Öffentlichkeit in Buchform als *Aus dem Wörterbuch des Unmenschen*[6]. Gemeinsam mit Klemperers LTI vertritt diese Sammlung sprachkritischer Essays die These, der Holocaust habe das Fundament zerstört, auf dem Literatur und Sprache bis dahin gestanden hatten. 1959 fasste der Literaturwissenschaftler George Steiner diese Perspektive in seinem Essay »Das hohle Wunder«[7] folgendermaßen zusammen:

> Alles vergißt – nur die Sprache nicht. Ist sie erst einmal infiziert mit Falschheit, Lüge und Unwahrheit, kann sie nur mit Hilfe der kräftigsten und vollsten Wahrheit gereinigt werden. Statt dessen aber hat die deutsche

> Sprache nach dem Kriege einen Werdegang gehabt, der von Verstellung, Heuchelei und vorsätzlichem Vergessen gekennzeichnet war.[8]

Für Steiner war Sprache kein neutrales Instrument menschlicher Absichten, sondern ein Speicher der Geschichte – und damit auch der Gewalt, die Menschen einander mit und durch Worte angetan hatten und antun konnten. In seinem Essay fragte der Literaturwissenschaftler ganz im Sinne Adornos und Klemperers danach, was für Konsequenzen es für die deutsche Sprache gehabt hatte, dass sie für die Deportation und Vernichtung von Millionen Menschen eingesetzt worden war. Und kam zu dem Schluss, dass sie einer grundlegenden Kritik bedurfte, denn:

> [D]ie deutsche Sprache war an den Schreckenstaten des Nazismus nicht ganz unschuldig. Es ist kein bloßer Zufall, daß ein Hitler, ein Goebbels, ein Himmler deutsch sprachen. Das Nazitum fand in dieser Sprache genau vor, was es brauchte, um seiner Grausamkeit Stimme und Nachdruck zu verleihen.[9]

Eine nicht unerhebliche Zahl der in Deutschland nach 1945 noch existierenden oder zurückgekehrten Intellektuellen befasste sich mit der Geschichte und der Gegenwart ihrer Sprache im Spiegel der deutschen Verbrechen. Solche Ansätze der Sprachkritik blieben selbstverständlich nicht unwidersprochen. Das zeigte sich auch in der Neuauflage von *Aus dem Wörterbuch des Unmenschen*, der die Herausgeber 1967 ein Vorwort beifügten, in dem sie die öffentlichen Reaktionen auf ihre Sprachkritik folgendermaßen zusammenfassten:

> Es gebe, so ist die Meinung, keine böse Sprache, sondern nur böse Sprecher, und was wir als »Sprachkritik« betrieben, sei in Wahrheit moralische Gesellschaftskritik. Dies letztere mag zutreffen, nur ist die Sprache und sind die Wörter nie jenseits ihres Gebrauchs zu denken, daher auch nicht jenseits ihres Mißbrauchs.[10]

Das liest sich nicht wie die Zusammenfassung einer lang erledigten Debatte, sondern könnte direkt aus der Gegenwart stammen. Im September 2019, 72 Jahre nach Klemperer, 68 Jahre nach Adorno und 52 Jahre nach Dolf Sternbergers zweitem Vorwort, erschien im Feuilleton der *Frankfurter Allgemeinen Zeitung* ein Text der Autorin Olga Martynova, Titel: »Wer der Sprache Gewalt antut«.[11] Vor dem Hintergrund ihrer eigenen Erfahrungen mit der aggressiven, gegen die Freiheit der Kunst und der Worte gerichteten Sprachpolitik der Sowjetunion wirft Martynova darin allen, die Sprachkritik im obigen Sinne betreiben, vor, sie wollten »die Welt auf Kosten der Sprache [...] verbessern.«[12] Die entscheidende Passage findet sich gegen Ende des Artikels, wo sich die Autorin zu folgender steilen These versteigt:

> Immer, wenn man der Sprache Gewalt antut, verletzt man die Menschlichkeit.[13]

Oha. Das ist eine eigenwillige Verkehrung der heineschen Formel, wo man Bücher verbrenne, verbrenne man am Ende auch Menschen[14] – wo man Sprache im Sinne einer politischen Absicht verändere, handle man also unmenschlich? Martynova schaltete sich damit in die seit langem schwelende Diskussion ein, wie mit diskriminierender Sprache in den

Neuauflagen literarischer Klassiker umzugehen sei, Stichwort Pippi Langstrumpf. Ihre Verteidigung der diskriminierenden Sprache erinnert nicht ganz von ungefähr an den Vorwurf, Rassismuskritiker*innen würden mit ihrer Kritik den Rassismus erst erzeugen. Oder an den Vorwurf, Feminist*innen würden die binäre Geschlechterordnung festschreiben, wenn sie die Ungleichbezahlung von Frauen thematisierten. Nach demselben Argumentationsmuster behauptet Martynova, dass jeder Versuch, Sprache auf ihr Gewaltpotenzial hin zu befragen und zu gestalten, selbst gewaltsam sei. So als wäre es undenkbar, Sprache könne selbst etwas sein, das Gewalt ausübt. Klemperer wusste das mit Sicherheit besser.

Mit ihrer Auffassung konnte Martynova der Applaus vieler Studienrät*innen gewiss sein. In diffusem Zorn gegen Binnen-Is, Gender-Sternchen und N-Wort-Abkürzungen feiert man sich in beständiger Täter-Opfer-Umkehr vor Bergen von Schokoküssen, während man sich mit Paprikaschnitzeln Luft zufächelt. Auch CDU-Kulturstaatsministerin Monika Grütters scheint sich selbst zur gutbürgerlichen Grillparty gegen die Sprachkritik eingeladen zu haben – jedenfalls wusste sie sich im Interview mit Deutschlandfunk Kultur im Februar 2020 auf der Seite derjenigen, die fürchten, dass »die gemäßigte demokratische Mitte zum Schweigen« gebracht werden könnte.[15] Also auf der guten Seite, wobei ich die von Grütters verbreitete Behauptung der bürgerlichen Mitte gleich noch vom Rost dieses stählernen Mehrweggrills fegen werde. Die Behauptung der Kulturstaatsministerin, dass heutzutage die »Mitte« nicht mehr frei Schnauze reden dürfe, bedient sich interessanterweise derselben *linguistischen Hufeisentheorie*[16], die auch bei Martynova Anwendung findet. Die vorgebliche

Schönheit der Worte wird nach links und rechts, oben und unten verteidigt, was dazu führt, dass man Sprachkritik und Sprachgewalt nicht mehr auseinanderhalten kann. Sondern sie miteinander identifiziert.

Bei diesem Schlagabtausch stehen sich zwei Sichtweisen auf Sprache gegenüber – während die eine Seite kategorisch die Freiheit der Sprache als Grundlage künstlerischer Praxis verteidigt, verweist die andere Seite darauf, dass Sprache Teil der Gesellschaft sei und damit niemals außerhalb politischer Kontexte stehen könne. Welche Seite dabei recht hat? Ausnahmsweise geht es mir nicht darum, diese Frage zu beantworten. Sondern um die Funktion, die die Beantwortung dieser Frage erfüllte. Sie werden gleich sehen, was ich meine.

Ich möchte damit beginnen, welche der beiden Perspektiven sich nach 1945 in Deutschland durchsetzen konnte. Und da wir hier von zwei Ländern sprechen, komme ich auch zu einem doppelten Befund: Während die staatliche Zensur in Ostdeutschland das Bewusstsein um den politischen Gehalt der Sprache gewissermaßen bewahrte, konnte sich in Westdeutschland trotz der beschriebenen Sprachkritik die Vorstellung von einer Unschuld der Sprache durchsetzen. Letzteres ist in meinen Augen nicht weiter verwunderlich – mit Denkern wie Fritz J. Raddatz und W. G. Sebald, um die es gleich gehen wird, bin ich überzeugt, dass die Vorstellung von der Unschuld der Sprache es vielen westdeutschen Autor*innen nach 1945 erlaubte, so weiterzuschreiben und -dichten, als wäre nichts geschehen. Kaum etwas kam der postnationalsozialistischen Literatur der BRD so sehr entgegen wie die Behauptung, die Sprache sei ein unschuldiger Schlüssel zum Reich ästhetischer Freiheit.

Der Glaube an die Unschuld der Kunst war aber nicht nur eine Möglichkeit, den Nationalsozialismus zur Vergangenheit zu erklären, die eine*n in der Nachkriegszeit nichts mehr anging. Sondern bereits während der Nazizeit selbst hatte es diese Auffassung vielen Autor*innen erlaubt, sich bestmöglich mit dem System zu arrangieren, als hätten sie mit den politischen Entwicklungen, die eben auch die Sprache und damit das Instrument ihrer Kunst betrafen, nichts zu tun. 1979 veröffentlichte der zuerst in der DDR als Lektor tätige und dann in der BRD prominente Intellektuelle und Autor Fritz J. Raddatz im damals von ihm geleiteten Feuilleton der *ZEIT* einen Essay, dessen Titel bereits eine Zusammenfassung seiner Thesen zur Nachkriegsliteratur ist: »Wir werden weiterdichten, wenn alles in Scherben fällt«.[17] In diesem heute zu Unrecht nahezu vergessenen, damals heftig diskutierten Text untersuchte Raddatz die weitverbreitete Annahme, die deutsche Literatur habe nach 1945 mit dem Nationalsozialismus gebrochen. Sein nüchternes Urteil:

> Im Gegensatz zum herkömmlichen Klischee vom gänzlichen Neuanfang gibt eine neuerliche Lektüre eben jenen nicht preis.[18]

Anders als vollmundige Generationsbegriffe für angeblich neue Literaturabschnitte wie »Stunde Null« oder »Kahlschlag-Literatur« argumentiert Raddatz, dass in Deutschland nach 1945 alles herrschte, bloß kein Neuanfang: Die literarischen Methoden und Stile waren seiner Lesart nach von der Weimarer Republik über die Nazizeit bis in die BRD überführt worden und alles andere als innovativ. Dabei seien sie kaum auf nennenswerte ideologische Widerstände gestoßen. Für viele der nach 1945 bekannten Schreibenden hatte der Nationalsozialismus entsprechend auch keinen Karriereknick bedeutet, vielmehr hatten sie ihre Bücher, Theaterstücke, Drehbücher und Hörspiele einfach weiterhin publizieren können: Peter Huchel, Wolfgang Koeppen, Günter Eich … Die Liste liest sich wie ein Who's who genau jener deutschen Nachkriegsliteraten, die zum Ausdruck eines demokratischen Neuanfangs in Westdeutschland wurden. Die BRD-Öffentlichkeit las, diskutierte oder verehrte Autor*innen, die sich auf die eine oder andere Weise arrangiert hatten mit dem nationalsozialistischen Regime.

Solchen Karrieren lassen sich diejenigen Autor*innen gegenüberstellen, die nach 1945 aus dem Exil nach Deutschland zurückkehrten, und ebenso natürlich jene, die nur knapp die Verfolgung und nicht selten die KZ-Haft überlebten, die umgebracht wurden oder sich umbrachten. Selbst wenn sie vor 1933 bekannt gewesen und viel gelesen worden waren, fanden sie in der Nachkriegszeit vielfach kaum noch Beachtung. So gerieten die Verfolgten in Vergessenheit und werden erst in den letzten Jahrzehnten mit ihrer allmählich wachsenden Aufmerksamkeit für die Leerstellen des etablierten Vor- und Nachkriegskanons wiederentdeckt.[19] Von ihnen unterschieden sich die Literat*innen einer vorgeblichen inneren Emigration Raddatz zufolge nicht nur durch andere Lebensgeschichten, sondern auch durch ein anderes Kunstverständnis: Während die Verfolgten mehr oder weniger gezwungen waren, ihr Schreiben im Spiegel der politischen Entwicklungen zu sehen, zeichneten sich die sicher durch alle Systeme Gekommenen durch das Gefühl aus, die eigene Kunst sei über die Gegenwart erhaben.

Als Beleg für diese These zitiert Raddatz eine vielsagende

Selbstauskunft Günter Eichs, eines bekannten deutschen Lyrikers der unmittelbaren Nachkriegszeit, der auch heute noch in nahezu jeder Geschichte der deutschsprachigen Dichtung des 20. Jahrhunderts für den bahnbrechenden Reim von Urin auf Hölderlin gewürdigt wird. Folgenden Text veröffentlichte Eich drei Monate vor Hitlers Machtergreifung:

> Eine Entscheidung für die Zeit, d. h. also für eine Teilerscheinung der Zeit, interessiert den Lyriker als Lyriker überhaupt nicht. (Was nicht ausschließt, daß er als Privatmann sich z. B. zu einer politischen Partei bekennt.) Der Lyriker entscheidet sich für nichts, ihn interessiert nur sein Ich, er schafft keine Du- und Er-Welt wie der Epiker und der Dramatiker, für ihn existiert nur das gemeinschaftslose vereinzelte Ich. Und gerade weil er sich für nichts entscheidet, fängt er die Zeit als Ganzes in sich auf und läßt sie im ungetrübten Spiegel seines Ichs wieder sichtbar werden. Denn die Wandlungen des Ichs sind das Wesentliche einer Zeit. Zwar können sie nicht abgelesen werden wie aus einer Zeitung, aber wer Gedichte zu lesen versteht (was kaum zu erlernen ist), der wird auch das in ihnen spüren.[20]

Schon bemerkenswert, zwölf Wochen vor Ende der Weimarer Republik derart inbrünstig die völlige Entkopplung der eigenen künstlerischen Arbeit von der politischen Gegenwart zu verkünden. Indem Eich der Kunst selbst den Aufgabenbereich der »Zeit als Ganzes« zuweist, wird die politische Gegenwart als bloße »Teilerscheinung der Zeit« abgetan, in die sich eine Einmischung nicht lohne ... so sieht es aus, das Programm eines literarischen Opportunisten. Auf diese Weise kannst du tatsächlich in der Weimarer Republik, bei den Nazis und dann in der BRD gleichermaßen Gedichte schreiben. Und zur richtigen Zeit den Eintritt in die NSDAP beantragen, denn für den Dichter existiert ja »nur das gemeinschaftslose vereinzelte Ich«. Auch mittels solcher Verharmlosung des eigenen politischen Engagements gelang es Eich, im Kartoffelkeller des deutschen Kunstideals zu überwintern und so frisch daraus hervorzukullern, dass er bei seiner Rede zur Verleihung des Georg-Büchner-Preises 1959 ohne jeden kritischen Selbstbezug warnen konnte:

> Wenn unsere Arbeit nicht als Kritik verstanden werden kann, als Gegnerschaft und Widerstand, als unbequeme Frage und als Herausforderung der Macht, dann schreiben wir umsonst, dann sind wir positiv und schmücken das Schlachthaus mit Geranien.[21]

Mit seiner Kritik wendet sich Raddatz nun aber 1979 nicht nur gegen eine solche Selbstvergessenheit der (west)deutschen Literatur nach 1945. Seinen Essay verstehe ich auch als Intervention gegen die weitverbreitete Vorstellung, lediglich die Politik einer Zeit sei potenziell böse, die Kultur dagegen auf Seiten des Guten. Mit Raddatz ergibt sich die gegenteilige Einsicht, dass selbstredend auch die Literatur nicht grundsätzlich ein Ort des Widerstands gegen den Nationalsozialismus war. Sondern dass auch die Werke vieler im deutschsprachigen Nachkriegskanon hochgehandelter Autor*innen Ausdruck einer spezifisch deutschen Mischung aus Mittun und Wegducken, Profitgier und Verleugnung eigener Verantwortung blieben. Nun mag die Behauptung, Kunst habe nichts mit Politik zu tun, nicht in jedem Fall auf eine

Selbstentlastung der Sprechenden gezielt haben, sondern als These in den Streit um die Aufgaben und Grenzen von Kultur eingebracht worden sein – die Trennung von Werk und Autor hatte dennoch teil an der Neuerfindung des deutschen Selbstbildes nach 1945. Der Wiedergutwerdung der Deutschen ging die Wiedergutwerdung ihrer Kultur voraus.

Und damit weiter in der Sendung »Kultur gestern. Offene Fragen an die deutsche Nachkriegsliteratur«. Zwanzig Jahre nach Raddatz' Essay befasste sich W. G. Sebald mit der Thematik. Der bereits als junger Mann von Deutschland nach England ausgewanderte Literaturwissenschaftler ging mit seiner 1999 erschienenen Textsammlung *Luftkrieg und Literatur*[22] der Frage nach, welchen Anteil die Literatur am »perfekt funktionierenden Mechanismus der Verdrängung«[23] der deutschen Gesellschaft nach 1945 gehabt habe. Sebald interessierte besonders die Reflexion der Kriegserfahrungen in den Werken derjenigen Autor*innen, denen in Westdeutschland nach dem Krieg größere Aufmerksamkeit zuteil geworden war. Obwohl viele von ihnen auf die eine oder andere Weise die Bombenangriffe der Alliierten erlebt hätten, sei in ihren Arbeiten »das Thema Zerstörung der Städte und das Überleben in einem Ruinenland«[24] auf geradezu schmerzhafte Weise abwesend.

Woran das liegen könne? Sebald will darauf hinaus, dass dieses Thema in der BRD allgemein tabuisiert wurde, »gerade weil wir unsere Mitschuld erahnten«[25]. Es überrascht nicht, dass »die mit der Bewahrung des kollektiven Gedächtnisses der Nation betrauten Schriftsteller«[26] Sebald zufolge die Situation verstanden und sich statt mit einer möglichst genauen Beschreibung der sie umgebenden Realität und ihrer Vergangenheit lieber mit ganz anderem befassten: Statt der deutschen Schuld an der Bombardierung ihrer Großstädte widmeten sie sich lieber der kollektiven Anstrengung der jungen Bundesrepublik, sich eine neue Normalität zu erarbeiten. Mit Blick auf die zweite Welle der deutschen Literatur nach 1945 und damit die Protagonist*innen der Gruppe 47 ist dieses Begehren nach einer Neuerfindung auch auf individueller Ebene nicht überraschend, waren doch die meisten Biografien der Mitglieder auf die eine oder andere Weise vom Nationalsozialismus, vom Mitläufertum und oft auch von eigener Täterschaft kontaminiert. Ehemalige Wehrmachtssoldaten wie Heinrich Böll trafen auf NSDAP-Aspiranten wie Günter Eich, Verräter ihrer jüdischen Ehepartner wie Alfred Andersch auf jugendliche SS-Mitglieder wie Günter Grass. Für sie wie für ihr Publikum gab es einiges zurechtzuschreiben.

Raddatz' Analyse wurde direkt nach Erscheinen intensiv in den deutschen Feuilletons diskutiert und unter anderem von Marcel Reich-Ranicki vehement zurückgewiesen.[27] Und auch Sebalds These vom Schweigen einer Autor*innen-Generation wurde nach eingehender Diskussion korrigiert. So schließt der Literaturkritiker Volker Hage in seinem 2003 erschienenen Band *Zeugen der Zerstörung. Die Literaten und der Luftkrieg*, dass »[d]ie Lücke, die nicht nur von Sebald empfunden worden ist, [...] weniger eine der Produktion als der Rezeption«[28] gewesen sei. Mit dieser Korrektur ist aber, scheint mir, das entscheidende Anliegen Sebalds nicht getroffen, nämlich die Frage nach dem Zusammenhang von Literatur, Kritik und Bewältigung der Vergangenheit. Dazu vermerkt Sebald in einem Interview, das er kurz vor seinem vorzeitigen Tod 2001 gab:

> Die […] Beseitigung der Vergangenheit scheint mir als sozial-psychologisches Konstituens der deutschen Bevölkerung eine entscheidende Rolle gespielt zu haben in diesen Nachkriegsjahrzehnten.[29]

Sebald meint, als Ursache für literarische Leerstellen ein Verlangen der deutschen Bevölkerung nach Bewältigung der Vergangenheit auszumachen, das nach 1945 auch von deutschen Historiker*innen, Literat*innen und Politiker*innen »sehr professionell«[30] umgesetzt worden sei. Dieser Wunsch muss sich nicht nur im bewussten oder unbewussten Verschweigen ausgedrückt haben. Vielmehr zeigen Sebald und Raddatz auf ihre jeweils eigene Weise, dass sich Prozesse des Verdrängens, Gedenkens und Neuerfindens ebenso im Verschweigen wie in der konkreten Erzählung manifestieren können. Letzteres kann etwa an dem Mythos der angeblich beispiellosen und ungerechten Bombardierung Dresdens durch britische und US-amerikanische Bomber nachvollzogen werden. Bestimmte Perspektiven bleiben hier nicht zufällig ausgeschlossen – etwa jene des bereits zitierten Victor Klemperer, der sich gemeinsam mit seiner Frau Eva im Chaos dieses Angriffes den Judenstern herunterriss und aus Dresden floh. In seinem Tagebuch notierte er im Februar 1945:

> Sooft ich an den Schutthaufen […] dachte und denke, hatte und habe doch auch ich das atavistische Gefühl: Jahwe! Dort hat man in Dresden die Synagoge niedergebrannt.[31]

Oder, andere Stadt, ähnlich ausgeblendete Perspektive, der von den Nazis als Kommunist verfolgte, bei Sebald zitierte Schriftsteller Hans Erich Nossack, der angesichts der Zerstörung Hamburgs

> die riesigen Feuerbrände [...] als eine gerechte Strafe, wo nicht gar als Vergeltungsakt einer höheren Instanz empfand.[32]

Die Essays von Raddatz und Sebald machen nachvollziehbar, wie vielfältig Literatur zur Komplizin der Neuerfindung einer Nation guter und unschuldiger Deutscher werden konnte. Und es auch in der Gegenwart kann. Das musste übrigens zu keinem Zeitpunkt bewusst geschehen – es genügten die Ahnung einer Mitschuld und das daraus resultierende Begehren nach Vergessen oder, was auf das Gleiche herauskommt, das Begehren, nur das im Gedächtnis zu bewahren, was den eigenen Bedürfnissen nach »Vergangenheitsbewältigung«[33] entsprach. Dabei geht es mir nicht darum, Autor*innen der Nachkriegszeit des verkappten Nazismus zu überführen, das machen andere besser. Mit dem Verweis auf die Gedanken widerständiger Denker*innen wie Adorno und Klemperer, aber auch Autor*innen wie Paul Celan, Ilse Aichinger, Irmgard Keun oder Peter Weiss geht es mir um den Nachweis, dass auch andere Perspektiven in der deutschen Nachkriegsliteratur existierten. Und dieser Unterschied spiegelt sich eben auf Ebene der Narrative ebenso wie auf Ebene des Kunstverständnisses.

Die deutsche Literatur in Westdeutschland fungierte also in der Nachkriegszeit einerseits als wichtige Instanz der Aufarbeitung, andererseits als Ort der Bewältigung der Vergangenheit und damit der Neuerfindung eines positiven nationalen Selbstbildes. Für diese Etablierung einer neuen deutschen Identität nach 1945 war die Konzeption einer »Stunde Null« in der BRD verlockend, weil sie eine Reihe unbequemer Diskussionen von vornherein ausschloss. Statt einer gründlichen Selbstbefragung bediente man sich zu diesem Zweck auch überkommener romantischer Kunstvorstellungen, mittels derer man behaupten konnte, die Kultur habe schon allein darum das Gute bewahrt, weil sie nichts mit Tagespolitik gemein habe. Die Beteiligten mögen dabei tatsächlich davon überzeugt gewesen sein, sie hätten mit der Gewaltgeschichte ihrer Gesellschaft abgeschlossen, ihre eigene Verstrickung ausreichend reflektiert und die Sprache, derer sie sich bedienten, funktioniere so, wie sie es sich wünschten. Nur beweist der eigene Wunsch eben nicht, dass die Dinge auch so sind. Nicht beim Empfinden einer guten Heimat, nicht bei der Idee der Leitkultur, nicht bei Literatur, Kultur und Sprache.

Aber Menschen denken merkwürdige Dinge, beispielsweise auch, dass zum Nationalsozialismus und seinen Verbrechen bereits alles gesagt worden sei. Meiner Erfahrung nach ist dieses deutscheste aller Klagelieder bloß eine andere Version der verschwörerischen Selbstverständlichkeit, »wir alle« hätten so viel über dieses Thema gehört, dass »uns« die Silberlöffel schon zu den Ohren rauskämen. Dagegen möchte ich auf der Legitimität einer Perspektive beharren, die nicht von einer Überwindung des Nationalsozialismus nach 1945 ausgeht, sondern nach seinen Kontinuitäten und Konsequenzen auch für die Kunst fragt. Welche Alternativen gibt es also zur Haltung der eingeschnappten Leberwürste, die mit jeder Diskriminierungskritik auch jede Verantwortung von Literatur, Kultur und eigener Sprache für die Gegenwart von sich weisen?

# WEHRHAFTE POESIE, ODER: SCHREIBE SO, DASS DIE NAZIS DICH VERBIETEN WÜRDEN!

Als Lyriker wurde ich in den nuller Jahren sozialisiert. Die Zuschreibung »*politische* Lyrik« war damals verpönt. Das lag vermutlich auch an den stürmischen westdeutschen sechziger und siebziger Jahren, die in der BRD zu andauernder politischer Übersättigung geführt hatten. Aber auch die Dichter*innen aus Ostdeutschland hatten offenbar erst mal die Schnauze voll von Politik und Utopien. Die meistzitierten Bücher der neunziger Jahre spielten zwischen Sylt und dem Grund des Zürichsees oder unter schweigend Rauchenden und rauchend Schweigenden in einem sehr schwäbischen Berlin. Doch die Geschichte hatte trotz dieser Phase literarischer Zerstreuung nicht angehalten, immerhin war 1989 die Mauer gefallen und aus zwei Deutschländern zumindest nominell wieder eins geworden. Doch als ich mit dem Schreiben begann, war der explizite Bezug auf Politik ebenso out wie Kommunismus. Politische Lyrik, das war gleichbedeutend mit schlechter Lyrik.

Vor einer Weile besuchte ich mit meiner Kernfamilie die Sammlung Boros, die sich zwischen Deutschem Theater, Heinrich-Böll-Stiftung und S-Bahnhof Friedrichstraße in einem ehemaligen Nazibunker befindet. Zu eng in den Bebauungsplan der Stadt eingefügt, konnte dieser 1943 von Karl Bonatz errichtete Gebäudekoloss nach Kriegsende nicht einfach gesprengt werden. Ab den fünfziger Jahren diente er als Lager für Textilien und für Trocken- und Südfrüchte aus Kuba, weshalb die Ostberliner ihn auch Bananenbunker nannten. Nicht zuletzt wegen der hitlerbedingt dicken Wände entstand hier ab 1992 der berühmte Technoclub »Bunker«, der bis 1996 existierte.

Ungefähr zur gleichen Zeit erreichte eine französische Theorieströmung erst die angelsächsische und dann die deutschsprachige Lyrik, der zufolge die Welt primär als Sprachprodukt verstanden wurde. Wie wir sprechen und welche Worte wir dabei benutzen, rückte stärker in den Fokus politischer und theoretischer Aufmerksamkeit. Ausläufer dieses *linguistic turns*, der Hinwendung zur Sprache, finden sich heute etwa in der Idee, die Veränderung diskriminierender Sprache habe einen positiven Effekt auch auf andere Manifestationen von Diskriminierung, wie eine ungerechte Wohnungsvergabe, Einstellungspraxen oder auch direkte physische Gewalt. Die vielbesungene Blütezeit dieser Perspektive in der deutschsprachigen Lyrik ab den späten neunziger Jahren hängt vielleicht auch damit zusammen, dass die Verwendung der Sprache dabei selbst in den Mittelpunkt der Aufmerksamkeit rückte, denn das schmeichelte dem lyrischen Ego, auch meinem. Nur galt fortan Spracharbeit oftmals per se als politisch, was es der Lyrik paradoxerweise leichter machte, sich im Desinteresse an der Gegenwart einzurichten. Und so einfach ist es dann auch wieder nicht.

Zurück zum Bunker, der übrigens während der Nazizeit, Sie werden es kaum glauben, der Reichsbahn gehörte und Reisenden im Falle einer Bombardierung Schutz gewähren sollte. Seit 2007 befindet sich dort die Sammlung des Unternehmers und Kunstsammlers Christian Boros. Bei unserem Besuch führte uns ein bärtiger Kunststudent durch die Räumlichkeiten, an lauter blinkenden, winkenden und klappernden Kunstwerken vorbei. Ungefähr auf der Hälfte der Tour betraten wir einen hell erleuchteten Raum im Zentrum des

Bunkers, über den der Guide folgende Sätze sagte: »Links sehen Sie einen ehemaligen Dancefloor, rechts den ehemaligen Darkroom des ehemaligen Technoclubs ›Bunker‹. Ein Darkroom, das ist ein Ort, der, nun ja, sehr dunkel ist …«

Ich mag diese Beschreibung nicht nur, weil die Clubkultur hier in einen historisch mehrfach überschriebenen Ort für Avantgardekunst so vorbildlich zerfeiert reinplatzte. Sondern auch, weil die Ungenauigkeit der Beschreibung eines Darkrooms wunderbar schräg zur Selbstbehauptung der Lyrik seit den nuller Jahren passt, dass es einer Kategorie wie *politische Lyrik* nicht mehr bedürfe, gerade weil ohnehin jeder Umgang mit Sprache politisch sei. Letzteres ist eben nur dann korrekt, wenn man damit sagen will, dass sich jede Spracharbeit in einem Raum abspielt, der, nun ja, sehr dunkel ist. Möchte man aber auf ein konkretes Verständnis des Politischen hinaus, dann muss man seine Vorstellung davon genauer qualifizieren wie ebenjenen Bunkerraum: Was genau findet dort statt, warum ist es dort dunkel, welche Absichten verfolgen die Besucher*innen?

Angesichts der Unschärfe der Darkroom-Beschreibung im Konkreten wie des Politikbegriffs im Allgemeinen überrascht es nicht, dass eine große Zahl an Autor*innen und Institutionen existiert, die sich zwar als politisch bezeichnen, die aber beispielsweise eine Thematisierung diskriminierender Sprache in der Literatur vehement ablehnen würden. Gegenwärtig äußert sich solche Abwehr besonders häufig als Unwohlsein gegenüber einer sogenannten *political correctness*, womit zumeist die Kritik an diskriminierender Sprache und die Forderung nach ihrer Veränderung gemeint sind, wovon auch schon im letzten Kapitel die Rede war. Dort habe ich gezeigt, dass diese Auseinandersetzung um das Verhältnis von

Sprache und Politik bis weit in die Vergangenheit reicht. Jetzt geht es um die Gegenwart.

Der aktuelle Stand der Diskussion lässt sich hervorragend anhand der bundesweiten Debatte um ein einzelnes Gedicht nachvollziehen, die vor einigen Jahren überschäumte, wie wenn man Menthos in Cola schmeißt. Die Zutaten im betreffenden Fall: ein kurzes Gedicht auf Spanisch an der Fassade einer Berliner Fachhochschule, ein hoch angesehener Verfasser, gefühlt zehntausend kohlensaure Feuilleton-Aufmacher, ein paar linke Studis. Was nochmal genau passiert war? Diese Staffel »Deutsche Debatte über den Zusammenhang von Gesellschaftskritik und Kultur« begann damit, dass die damalige Rektorin der Berliner Alice Salomon Hochschule Theda Borde 2011 von der Lyriklegende Eugen Gomringer ein Gedicht geschenkt bekam. Gomringer wollte sich damit für die Verleihung des Poetikpreises der Hochschule im selben Jahr bedanken. Die Rektorin fühlte sich geehrt und entschied weitgehend im Alleingang, das Gedicht an der u-bahnseitigen Fassade der Hochschule auftragen zu lassen. So konnte jede*r sehen, dass die Hochschule mit dem Gedicht eines bekannten Lyrikers beschenkt worden war. Der Text heißt *»ciudad«*[1] (Stadt) und geht so:

avenidas
avenidas y flores

flores
flores y mujeres

avenidas
avenidas y mujeres

avenidas y flores y mujeres y
un admirador

Was in deutscher Übertragung bedeutet:

Alleen
Alleen und Blumen

Blumen
Blumen und Frauen

Alleen
Alleen und Frauen

Alleen und Blumen und Frauen und
ein Bewunderer

Das 1951 geschriebene Gedicht ist durch Wiederholungen strukturiert und nicht sehr lang – und es ist ein Beispiel der von Gomringer in den frühen fünfziger Jahren mitbegründeten Konkreten Poesie, welche, Geschichte wiederholt sich, lange vor dem *linguistic turn* die Funktionen der sprachlichen Mitteilung ins Zentrum ästhetischer Aufmerksamkeit rückte. Das wirkte befreiend für eine Lyrikszene, die sich wie im vorigen Kapitel geschildert vielfach und in ihren erfolgreichsten Beispielen hemmungslos lyrischer Formen bediente, die noch aus den zwanziger Jahren stammten. Siebzig Jahre später prangte eines der bekanntesten Werke dieser lyrischen

Strömung nun zur Freude seines Autors und der Rektorin an der Fassade der Alice Salomon Hochschule. Und das ging eine Weile gut. Und dann ging es nicht mehr gut. 2017 verlangten Studierende der Hochschule eine Abstimmung darüber, ob der Text weiterhin da stehen solle, wo er stand. Woraufhin abgestimmt wurde. Und die Mehrheit entschied, es sei Zeit für ein neues Gedicht.

Das zentrale Argument der bei weitem nicht nur studentischen Kritik an Gomringers Gedicht basierte auf der Analyse der Sprecherposition des lyrischen Ichs, welches nicht nur als Bewunderer von Alleen und Blumen in Erscheinung tritt, sondern eben auch als Bewunderer von Frauen. Nun werden Sie vermutlich Ihre eigene Meinung dazu haben, was die Bewunderung von Frauen und Blumen angeht. Sie können sagen, dass ein Mann – und um einen Mann handelt es sich beim Bewunderer, die Grammatik ist da recht eindeutig – doch wohl noch Frauen und Blumen bewundern dürfen müsse, sonst gehe ja jede Romantik zuschanden. Oder so. Das können Sie alles denken, sagen und publizieren, wie das auch die vielen Journalist*innen und Funktionsträger*innen taten, die sich in der Debatte eher mehr als weniger erregt zu Wort meldeten. Dann teilen Sie eben nicht die Meinung der Mehrheit der Studierenden der Alice Salomon Hochschule im Jahr 2017.

Keine Meinungsfrage ist dagegen, *ob* eine feministische, nach Machtverhältnissen und Repräsentation fragende Literaturkritik existiert – denn das tut sie, und zwar mindestens seit einem halben Jahrhundert. Gemeinsam mit einer kaum bezifferbaren Anzahl anderer Denk- und Deutungsschulen setzt sie ihre Analyseinstrumente an – und kritisierte etwa am Gomringer-Gedicht, dass der Text eine Tradition abendländischer Kunst fortschreibe, die seit Jahrhunderten zwischen vergötterten, auf ihre Weiblichkeit und Schönheit festgelegten Frauen und männlichen, sie vor ihre Staffeleien, in ihre Romane oder eben Gedichte zerrenden Beobachtern unterscheidet. Sie können andere Kritikansätze interessanter oder auch produktiver finden, aber es existiert eine Form der Literaturkritik, die das Augenmerk auf solche Machtverteilungen richtet. Und ich verspreche uns allen, sie wird auch nach dieser Debatte weiterexistieren.

Leider aber schienen die meisten Kommentator*innen der Debatte weder die demokratischen Abstimmungen der Studierenden über die Fassade ihrer eigenen Hochschule zu interessieren noch die Voraussetzungen feministischer Literaturkritik. Von der Leitung des Autor*innenverbands PEN bis zur Kulturstaatsministerin zuckte stattdessen rechtschaffene Empörung durch die kulturelle Infrastruktur der Bundesrepublik: Wer das Gedicht in einen gesellschaftlichen Kontext rücke und kritisiere, der habe Lyrik nicht verstanden, hieß es auffällig oft. Die bereits erwähnte Monika Grütters sprach gar von einem »erschreckenden Akt der Kulturbarbarei«[2], und das PEN-Zentrum zeigte sich »zutiefst beunruhigt über eine Entwicklung, die darauf abzielt, der Kunst einen Maulkorb vorzuspannen oder sie gar zu verbieten«.[3] Kurz, die Studierenden wurden behandelt, als wären sie die letzten Idiot*innen, die keinen Blumenstängel lang verstanden hätten, was Lyrik ist und wie sie funktioniert.

Gemeinsam mit vielen Lyrikkolleg*innen bin ich ganz anderer Meinung, was die Analyse von Gedichten mit den Instrumenten der Diskriminierungskritik angeht. Allein daran zeigt sich bereits, dass die Behauptung, Literatur dürfe nicht politisch gelesen und beurteilt werden, nicht so selbstverständlich ist, wie die Kulturstaatsministerin oder der PEN es in ihren Verdikten darstellten. Mit ihrer Kritik an der Kritik drückten sie also vor allem aus, was Literatur ihrer Meinung nach zu sein hat. Man nennt so etwas auch eine normative Aussage. Normative Aussagen formulieren, wie etwas sein *sollte*. Anders als Tatsachenbehauptungen muss man sie abwägen und kann ihnen selbstverständlich Alternativen gegenüberstellen. Und die Studierenden hatten mit ihrer feministischen Lesart des Gomringer-Gedichts eine solche Alternative formuliert – dass nämlich Literatur im Kontext einer Gesellschaft entsteht und darum mit denselben Instrumenten der Kritik behandelt werden sollte wie alle anderen gesellschaftlichen Äußerungen. Im Idealfall hätten sich zwei unterschiedliche Perspektiven gegenübergestanden, Vertreter*innen beider Seiten hätten sich getroffen, ihre Argumente ausgetauscht und versucht, nachzuvollziehen, was die Gegenseite zu ihrer jeweiligen Kritik motivierte. Leider passierte das Gegenteil.

Am besten illustriert das eine Aussage des Ehrenpräsidenten des PEN Christoph Hein, der die Diskussion »barbarische[n] Schwachsinn« nannte und den nachgefolgten Rektor der Hochschule Uwe Bettig ungefragt daran erinnerte, dieser habe »den Studierenden etwas von Erziehung und Bildung zu vermitteln und nicht deren unerzogene Unbildung zu respektieren«.[4] Am liebsten würde ich sagen, dass mich die Arroganz dieser verbalen Schelle nicht weiter angeht. Aber das wäre gelogen. Das war nämlich kein Beitrag zu einer Debatte mehr, sondern ein Muskelflexen derjenigen, die die Kontrolle nicht verlieren wollen über die Definition, was Kunst ist und wie sie gelesen werden darf. Solche Machtgesten haben einen Preis – und den zahlten auf dem Höhepunkt der Diskussion vor allem die von allen Seiten niedergemachten Studierenden der Alice Salomon Hochschule.

Je länger ich mich mit dieser elendigen Debatte beschäftige, desto mehr beeindruckt mich der Langmut der Studierenden. Beispielsweise bin ich mir mit Blick auf meine eigene Studienzeit am Otto-Suhr-Institut der Freien Universität Berlin ziemlich sicher, die Sache wäre dort ganz anders verlaufen. Es hätte nur einen Plenumsbeschluss über ein sexistisches Gedicht gebraucht – und der Text hätte die nächste Nacht nicht überlebt. Ich sage das nicht, um solche von so vielen Studierendengenerationen seit den sechziger Jahren praktizierten Formen politischer Intervention abzufeiern. Das steht auf einem anderen Blatt. Hier möchte ich nur illustrieren, wie sehr die Studierenden der ASH demokratische Prozesse auch dann noch respektierten, als die Gegenseite schon lange jedes Maß verloren hatte. Sie waren die wirklichen Demokrat*innen in der Gomringer-Debatte.

Die Frage nach der Fassade war, das sollte man nicht vergessen, bereits monatelang diskutiert worden, als sie in der Öffentlichkeit ankam. Dann wurde abgestimmt. Dann wurde auf eine Entscheidung der Unileitung gewartet. Dann wurde das Gedicht der Abstimmung gemäß entfernt. In der Zwischenzeit ergossen sich Kübel voll Spott und Hohn über die Studierenden. Die ganze Zeit über bewiesen sie eine Geduld, von der sich die in der Gegenreaktion lautstark auftretenden, in die Jahre gekommenen 68er-Spontis und ihre bürgerbewegten Ost-Pendants eine dicke Scheibe veganer Wurst hätten abschneiden können. Vielleicht hätten diese eingewendet, dass die Proteste ihrer eigenen glorreichen Studienjahre unter gänzlich anderen Vorzeichen stattgefunden hatten, unberührt von jener »unerzogenen Unbildung«, von der Hein sprach, und stattdessen getrieben von der heiligen Ungeduld echter Revolutionäre. Riecht hier noch jemand den Klassismus gegen Studierende der Sozialen Arbeit und Erziehung? Systemrelevante Berufe, meine Damen und Herren! Vielleicht motiviert Corona ja auch in diesem Zusammenhang dazu, die Positionen noch einmal zu überdenken.

Der wichtigste Begriff in der oben zitierten Stellungnahme des PEN ist aber ein anderer. Er lautet: Maulkorb. Da möchte ich kurz im Bild bleiben, immerhin haben wir es mit einer Verlautbarung der wichtigsten Vereinigung von Autor*innen in Deutschland zu tun. Einen Maulkorb bekommen Tiere verpasst, damit sie nicht mehr beißen können. Ein Maulkorb wird von einer Instanz verabreicht, gegen die das Tier sich nicht wehren kann. Er kommt von oben, ist ein Eingriff in die Freiheitsrechte, fixiert den Mund als Ort der Beiß-, Bell- und Sprachfähigkeit. Wer Maulkorb sagt, der meint in letzter Instanz Zensur. Die Rede von Maulkörben und Zensur ist der letzte argumentative Schrei bei der Selbstverteidigung all jener, deren Aussagen oder Kunstwerke auf politisch-demokratische Weise kritisiert werden. Was aber bedeutet Zensur? – Zensur heißt, dass ein Text oder eine Meinung unter Androhung zumeist staatlicher Sanktionen nicht geäußert, gelesen oder gedruckt werden darf oder dass dessen Verbreitung wie durch das FSK-Siegel eingeschränkt wird.

Wenn ich persönlich oder gemeinsam mit anderen entscheide, ein Buch nicht in mein Bücherregal zu stellen, weil es in meinen Augen unerträgliche rassistische Passagen enthält, dann ist das kein Maulkorb – sondern eine Entscheidung. Wenn nach öffentlicher Diskussion ein antisemitisches Märchen aus einer illustrierten Neuausgabe von Grimms Märchen entfernt wird, dann ist das ebenfalls kein Maulkorb, sondern Ergebnis einer Diskussion, bei der sich die Gesellschaft darüber verständigt hat, was sie ihren Kindern vorlesen möchte, und ein Verlag diese Entscheidung nachvollziehen kann und umsetzt. Gleiches gilt, wenn ein Gedicht an der Fassade einer Hochschule den Stimmberechtigten dieser Hochschule nicht gefällt – und natürlich haben in diesem Fall nur diejenigen an der Entscheidung teil, die stimmberechtigt sind. Das ist Demokratie. Das Zauberwort der Gomringer-Debatte heißt nicht Maulkorb, sondern studentische Selbstbestimmung.

Sie werden mir vielleicht zustimmen, dass sich nicht jedes Gedicht gleichermaßen für jede Fassade eignet: Charles Bukowski muss nicht unbedingt an die Fassade eines Frauenhauses. Gottfried Benn nicht über die Tür eines jüdischen Gemeindezentrums. Und ein Gedicht, in dem ein männlicher Bewunderer Frauen, Blumen und Alleen anhimmelt, muss eventuell nicht die zentrale Wand einer Hochschule für kritische Soziale Arbeit zieren. Aber keine Sorge, das Gedicht wird schon nicht verschwinden, dafür sorgten die Akteure bei allem Schaum vor dem Mund schon selbst. Der PEN entschied unter lautem Tamtam, das Gedicht an der Fassade seines eigenen Neubaus anzubringen.[5] Die nächsten Generationen von PEN-Mitgliedern können dann in aller Freiheit darüber befinden, ob sie es weiterhin dort dranstehen haben wollen oder nicht. Ich freue mich schon auf die Diskussion.

Die Gomringer-Debatte ist ein Beispiel dafür, dass die Bedeutung eines Kunstwerkes im Kontext entsteht – und zwar sowohl im Kontext der Zeit, in der es geschaffen wird, als auch im Kontext der Zeit, in der wir darüber diskutieren. Gut möglich, dass Christoph Hein, Monika Grütters und auch Eugen

Gomringer das ähnlich sehen. Nur möchte ich hinzufügen: Den Gegenwartsbezug von Literatur gibt es *nie* ohne die Frage nach ihrer Verstrickung in den jeweiligen gesellschaftlichen Kontext. Das liegt einerseits an dem Instrument, mit dem Literatur arbeitet: Sprache. Und andererseits an denjenigen, die dieses Instrument verwenden: Menschen.

Die Menschen sind ein echtes Problem für die Behauptung, Kunst dürfe nicht mit Gesellschaftskritik in Verbindung gebracht werden. Denn als Protagonist*innen dieser Gesellschaft sprechen Menschen nun einmal fortwährend mit konkreten Begriffen über konkrete Themen, begehren bestimmte Dinge, erklären sich mit manchen solidarisch und mit anderen nicht. Was natürlich auch für Autor*innen gilt, insofern sie Menschen sind. Selbstverständlich wissen das die Verteidiger*innen der Trennung zwischen Werk und Künstler*in und wiederholen darum endlos die Behauptung, dass man lyrisches Ich und Künstler*in niemals miteinander identifizieren dürfe. Also, zumindest in manchen Fällen. Denn migrantische, feministische, queere, afrodeutsche oder sonstwie positionierte Literatur wird selbstredend permanent auf die jeweiligen Autor*innen zurückgeführt. Diese Zuordnung hat eine stabilisierende Funktion für die Dominanzkultur, die gern über die Anderen – und äußerst ungern über sich selbst und die eigene Macht spricht.

Die Rede von der Trennung von Werk und Autor*in betrifft also nicht alle Menschen gleichermaßen, sondern erzeugt in der Realität feine Unterschiede zwischen denjenigen, die unsichtbar bleiben dürfen, und denjenigen, die als Andere markiert werden und bestimmte Funktionen zu erfüllen haben. Die Trennung ist bestenfalls eine Wunschvorstellung, die eine Einsicht in die Realitäten ungleicher Zuweisungen verstellen kann. Wobei auch für die privilegiert Unsichtbaren gilt, dass ihr Werk nicht generell von ihrer Autor*innenschaft getrennt sein muss. So soll man etwa Ernst Jüngers frühe Bücher durchaus im Spiegel seiner Zeit und seiner Biografie lesen, sonst entgehen einem ja die faschistischen Topoi, die innerfaschistische Abgrenzung von den proletarischen Nazis, das Kokettieren mit einer rassistischen Geistesaristokratie. Und dann verpasst man die Pointe, die so aufregend prickelt im Bauchnabel der Nachgeborenen.

Aber auch über die Menschen hinaus dürfte es den Vertreter*innen der Unschuld der Kunst schwerfallen, Argumente für ihre Position zu finden. Was mit dem Instrument zu tun hat, das die Autor*innen verwenden und von dem schon mehrfach die Rede war: Sprache. Sprache ist nicht nur Teil der gesellschaftlichen Umgebung aller Autor*innen und Künstler*innen – sondern auch ihrer Leser*innen. Und diese Umgebung besteht schlicht und ergreifend nicht nur aus Wiesen und Wäldern, Wohnungen und Designermöbeln, sondern ebenso aus der Gewalt, die Menschen einander antun. Literatur ist nämlich in derselben Sprache verfasst, mit der Menschen sich auch beleidigen oder verletzen, diskriminieren und deportieren. Text und Sprache, das bedeutet auf Deutsch eben immer auch: die Nürnberger Gesetze, die Anweisungen zur Vernichtung unwerten Lebens, die Zugpläne nach Auschwitz, die Denunziationen durch Nachbarn und Blockwarte. Eigentlich sollte dieser Umstand hierzulande keiner weiteren Erläuterung bedürfen.

Die Verstrickung der Sprache mit der Gesellschaft muss reflektieren, wer Kultur im Mund führt, oder er hat aus der Geschichte der vergangenen Jahrhunderte keine Konsequenzen gezogen. Kultur ist eben nicht unschuldig, sondern war zu jedem Zeitpunkt auch Komplizin einer Politik, die Demokratie und Fortschritt ebenso bedeuten konnte wie Gewalt und Vernichtung. Und weil das so ist, muss auch die Kunst Gegenstand der Kritik sein, die wir an die Gesellschaft richten. Damit komme ich auf Adornos Diktum zurück, nach Auschwitz ein Gedicht zu schreiben sei barbarisch. Adorno ging es dabei natürlich nicht darum, unsere Fähigkeit zum Gedichteschreiben in Frage zu stellen, sondern darum, wie angesichts der Gewaltexzesse des Nationalsozialismus Kunst überhaupt noch möglich sein könne. Ich denke, seine Aussage lässt sich präziser als eine bohrende Frage fassen, die lautet: Ob nach Auschwitz noch Lyrik denkbar ist, in der nicht »das äußerste Grauen nachzittert«[6] – ob es also möglich ist, nach Auschwitz Gediche zu schreiben, die nicht von Auschwitz sprächen.

Einer der Schüler der Frankfurter Schule am Institut für Sozialforschung, deren Ansätze Adorno maßgeblich mitentwickelte, griff diese Frage nach den Konsequenzen des Holocaust für die Soziologie auf. In seiner auf Deutsch 1992 erschienenen Studie *Dialektik der Ordnung* bescheinigte Zygmunt Bauman dem Forschungsfach eine »Bewußtseinstrübung und Blindheit gegenüber dem Holocaust«.[7] Zwar habe es soziologische Versuche gegeben, das Ereignis zu erklären, dabei aber sei die Frage vermieden worden, welche Konsequenzen die Shoah für das Fach und seine Methodik selbst haben müsse.[8] Diese Kritik trifft auch auf ein (west)deutsches Kunstverständnis zu, das nach einer allerhöchstens kurzen Phase der Irritation einfach weiterdichtete und -interpretierte, als wäre nichts passiert. Andererseits machten zur gleichen Zeit Autor*innen wie der jüdische Dichter Paul Celan das Bewusstsein für die Versehrtheit der Sprache und die ihr eingeschriebene Gewalt zum Ausgangspunkt und Kernproblem ihrer literarischen Praxis. Es ist entscheidend, dass es auch anders ging. Denn diese Perspektive ermöglichte Celan die Thematisierung des äußersten Grauens in der Kunst. Die Problemanalyse ging dabei der Problembearbeitung voraus. Celans Kunstverständnis bestimmte die Reichweite seiner künstlerischen Praxis. So rum wird ein Gedicht daraus.

Zurück zur Fassade der Alice Salomon Hochschule, zurück zu acht semi-kontroversen Versen Lyrik. Die Auseinandersetzungen sandten ihre Schockwellen auch in die deutschsprachige Lyrikszene. Meiner Wahrnehmung nach tat sich dabei ein Graben auf – während die Vertreter*innen einer unbedingten Freiheit der Kunst von jeglicher Diskriminierungskritik geschlossen gegen die Studierenden votierten, waren andere Lyriker*innen geneigt, die geäußerte Kritik zu bedenken und auch ihre eigene künstlerische Praxis kritisch zu befragen. Viele in meinem Umfeld reflektieren die Verbindung von Sprache mit gesellschaftlichen Gewaltverhältnissen und machen diesen Denkprozess auch zum Teil ihrer künstlerischen Arbeit. Und darin zeichnet sich vielleicht auch ein verändertes Bewusstsein unter Künstler*innen ab, das sich deutlich von den neunziger und nuller Jahren unterscheidet, als das Adjektiv »politisch« noch Übelkeitsgefühle auslöste.

Der Aufschwung der politischen Rechten in den letzten Jahren scheint dabei auch für die Lyrikszene eine Art Weckruf gewesen zu sein. Denn viele Autor*innen in meinem Umfeld fragen sich seitdem, was dieser Aufstieg für sie bedeutet und welche Konsequenzen sie für ihr eigenes Schreiben daraus ziehen müssten. Ich finde, dass das eine ermutigende Entwicklung ist, und hoffe, dass sie nicht zu spät kommt.

Denn die künstlerische Praxis ist in den letzten Jahren verstärkt unter politischen Druck geraten – und zwar nicht nur in Deutschland, sondern viel unverstellter etwa in Ungarn und Polen, Russland oder der Türkei. Hierzulande drängt die AfD mit Macht in die Kulturpolitik und fordert, die Arbeit von Museen, Orchestern und Theatern solle »Erziehungsanstalten, die der deutschen Nationalbildung dienen«[9], gleichen, indem sie die Identifikation mit der Heimat fördere. Man braucht nur die dünnbrettrigen und hochideologisierten Programme dieser Partei zu konsultieren, um zu verstehen, dass dabei auch Ideen »undeutscher« und »entarteter« Kunst neuerlich in Stellung gebracht werden.[10]

Eine gemeinsame Recherche von ARD und *Süddeutscher Zeitung* ergab 2019, dass »die aggressiven, auch gewalttätigen Attacken auf Kultureinrichtungen auf präzedenzlose Weise zugenommen«[11] haben. Die von den Journalist*innen zusammengestellte Chronologie[12] ist ein weiterer Beleg dafür, dass die Neue Rechte die Kulturpolitik als Kampffeld entdeckt hat, um ihre völkischen Vorstellungen von Zugehörigkeit und Identifikation umzusetzen. Angesichts solcher Entwicklungen genügt es nicht, im Sinne von Fritz J. Raddatz' Essaytitel auch diesmal einfach weiterzudichten, während um uns alles in Scherben fällt. Wenn die AfD die Kultur entweder für ihre Zwecke einspannen oder ruhigstellen will, dann müssen wir uns fragen, wie wir reagieren sollten. Auch mit künstlerischen Mitteln!

Dafür ist die Vorstellung, Kunst habe nichts mit Gesellschaft zu tun und dürfe darum weder nach ihren Maßstäben kritisiert noch für ihre Zwecke eingesetzt werden, einfach nicht genug. Aus Raddatz' Beschreibung eines Programms des literarischen Opportunismus lässt sich folgender Schluss ziehen: Wenn du einfach weiter so schreibst wie zuvor, obwohl die Welt sich verändert, verfehlst du die Gegenwart. Das ist nicht als Plädoyer für Agitprop-Literatur gemeint, die mit schlichter Technik Vorstellungen und Politprogramme in die Köpfe des Publikums hämmern will. Sondern als Plädoyer für ein Schreiben, das sich der Verstrickung von Autor*in und Sprache in die Gesellschaft bewusst ist.

Der französische Regisseur Jean-Luc Godard wurde mal gefragt, ob er politische Filme mache. Er antwortete: Es geht nicht darum, politische Filme zu machen. Sondern politisch Filme zu machen. Das ist eine völlig andere Idee von Kunst als die hier kritisierte Vorstellung der Erhabenheit der Kunst über politische Kritik. Man könnte sie als *wehrhafte Poesie* bezeichnen. Und auf die Formel bringen: Schreibe so, dass die Nazis dich verbieten würden.

# SYMBOLISCHE JUDEN UND ANDERE TROPHÄEN

Die Leitkultur hängt in den Seilen, der Trainer massiert ihr die Schultern und legt ihr ein frisches weißes Handtuch um den Nacken. Wir befinden uns in der sechsten Runde, ich setze auf technisches K.o. Wie bei einem Wrestling-Match tauchen Charaktere aus dem Nirgendwo auf, die der Leitkultur weitere Haken verpassen. Ein knapp bekleideter Adorno steigt in einem schwarzen Mankini in den Ring, auf den Rücken hat er sich die ersten Takte von Schönbergs *Ein Überlebender aus Warschau* tätowieren lassen. Die Leitkultur schaut verwirrt, der Ringrichter greift nach dem von der Decke baumelnden Mikrofon und reicht Teddy die Metallkugel. Der schürzt die Lippen und beginnt eine seiner berühmten Radioansprachen.

Gleich der erste der ab 1950 ausgestrahlten Beiträge Adornos handelte von der frenetischen Begeisterung, mit der sich die deutsche Öffentlichkeit nach dem Nationalsozialismus der deutschen Kultur zuwandte.[1] Diese Beschäftigung mit der Kultur laufe angesichts drängender Fragen nach Schuld und Verantwortung Adorno zufolge Gefahr, zum Instrument einer Verdrängung der Gegenwart zu werden und so »den Rückfall in die Barbarei zu vertuschen«.[2] Was damals stimmte, ist auch heute noch nicht passé, oder wie der auch nicht ganz unbarbarische Autor Erich Kästner 1932 dichtete: »So alt ist keine deutsche Heldensage / dass sie nicht doch noch Helden nach sich zieht.«[3]

Einer dieser Helden der Gegenwart ist, ich habe ihn bereits in der Einleitung erwähnt, Philipp Amthor, der sich am Seitenrand bereits für seinen Einsatz warmdehnt. Der damals

Siebenundzwanzigjährige gab am 27. Januar 2020 dem Fernsehsender NTV ein Interview, dessen Anlass das fünfundsiebzigjährige Jubiläum der Befreiung von Auschwitz war. Der Journalist fragte auch nach dem heutigen Antisemitismus und dem Schutz jüdischen Lebens in Deutschland. Die Antwort des CDU-Abgeordneten und Innenexperten lautete folgendermaßen:

> Man darf nicht vergessen, dass Antisemitismus natürlich vor allem in muslimisch geprägten Kulturkreisen besonders stark vertreten ist. Und auch auf dem Hintergrund der Migration der letzten Jahre existieren natürlich viele Sorgen für die jüdische Bevölkerung. Und das kann ich auch verstehen. Da muss für uns klar sein, wenn man von Migranten zu Recht erwartet, dass man sich hier an unsere Kultur hält, dann gehört dazu auch, dass Antisemitismus bei uns keinen Platz hat.[4]

Gut, das braucht jetzt einen kurzen Moment, bis ich die Finger von meinen Migränepunkten wieder auf dem Laptop habe. Zur Erinnerung, erstens: Der Anschlag auf die Synagoge von Halle hatte sich keine vier Monate zuvor ereignet. Es handelte sich um einen der größten antisemitischen Mordversuche im Deutschland der vergangenen Jahrzehnte – durch einen nichtmuslimischen deutschen Nazi. Und zweitens: Am Tag, an dem Amthor sein Interview in das Mikrofon sprach, gedachte man der Befreiung von Auschwitz, wo die Verantwortlichen ja nun auch nicht gerade durch ihre fünf täglichen Gebete an Allah aufgefallen waren. Knöpfen wir uns also Amthors Aussage so genau vor, wie Adorno die deutsche Kulturbegeisterung seziert, während er der Leitkultur eine Beinschere angelegt hat. Das sieht wirklich nicht appetitlich aus, Leitkultur klopft vor Schmerz auf den Ringboden, die Kommentatoren johlen in ihrem Kabuff.

In seinem kurzen Statement verwendet Amthor das Wort »Kultur« an gleich zwei vielsagenden Stellen: Einmal in Bezug auf den »muslimischen Kulturkreis«, in welchem Antisemitismus besonders verbreitet sei. Und einmal als »unsere Kultur«, in der Antisemitismus keinen Platz habe. Das Thema Antisemitismus ist für Amthor also eine Kulturfrage; während die muslimische Seite den Judenhass sozusagen mit der Muttermilch aufgesogen hätte, scheint die deutsche Kultur eine antisemitismusfreie Schutzzone für Juden zu sein. Damit räumt Amthor den Weg frei für die nachfolgende Behauptung, es bedürfe einer deutschen Leitkultur, um Juden und Jüdinnen vor den antisemitischen Muslim*innen zu beschützen.

Wow. Ich konnte so schnell kaum gucken, wie Amthor in Anzughose und Uniqlo-Herrenhemd in den Ring gestiegen ist und auch noch seine Freunde Integrationsparadigma und Gedächtnistheater mitgebracht hat. Integrationsparadigma steht in einer Ecke und ruft ununterbrochen, dass sich alle Menschen an unsere Kultur anzupassen hätten, wobei nicht klar ist, was genau mit »Kultur«, »unsere« und »alle Menschen« gemeint sein soll. Gedächtnistheater wiederum trägt ein halbtransparentes Netzhemd aus Kerzendocht und klopft sich die ganze Zeit selbst auf die Schultern. Bei Amthors Ansprache rappelt sich Leitkultur auf, nimmt Anlauf und springt auf die Räuberleiter, die Integrationsparadigma und Gedächtnistheater gebildet haben, lässt sich durch die Luft katapultieren und verpasst Adorno einen Bodycheck, der sich gewaschen hat.

Mich würde Amthors Kopplung von Gedächtnis- und Integrationstheater ja überraschen, hätten uns diverse konservative Politiker*innen die letzten Jahre nicht darauf vorbereitet, von ihnen zu jedem Zeitpunkt einen jüdisch-christlichen Nierenhaken zu erwarten. In ihrer neuen Beschwörung der jüdisch-christlichen Tradition passt zwischen Juden, Jüdinnen und Deutsche kein Handtuch mehr. Das zeigt sich auch an den Versuchen der AfD, ein paar jüdische Rechte in die erste Reihe zu schieben. Das hätte eine völkische Partei vor hundert Jahren sicherlich anders gehandhabt. Die der deutschen Seite so wohltuende Einebnung der Differenz zu den Juden und Jüdinnen manifestiert sich auch auf popkultureller Ebene, etwa bei Feelgood-Filmen wie dem Fernseh-Dreiteiler *Unsere Mütter, unsere Väter*[5] oder netflixreifen Erzählungen wie jener von der jüdischen Nazi-Greiferin *Stella*[6].

Auch neuere philosophische Arbeiten wie Wolfram Eilenbergers viel gepriesene, 2018 erschienene Studie *Zeit der Zauberer*[7] scheinen sich an die Einebnung der Differenz zwischen Juden und Nazis heranzurobben, wenn der Autor die drei sehr unterschiedlichen jüdischen Denker Ludwig Wittgenstein, Walter Benjamin und Ernst Cassirer neben niemand Geringeren als den Antisemiten und überzeugten Nationalsozialisten Martin Heidegger stellt und den vieren eine gemeinsame »Sprache des Geistes« attestiert. Der Philosophenbiograf Rüdiger Safranski bezeichnet das Buch entsprechend »als Sternbild der Philosophie in einem großen Augenblick im Schatten der Katastrophen davor und danach«[8]. Für mich klingt das nach einer Aufhebung des zentralen Unterschieds zwischen einem Naziphilosophen und denjenigen, die kurz darauf vernichtet werden sollten. Was bei der Mehrheit der jüdischen Bevölkerung Europas auch gelang.

Für die gegenwärtigen Konfliktlagen ist die Einebnung historischer Differenzen derart nützlich, dass mich eher verwundert, dass die deutschen Fans von Hoch- und Leitkultur die toten und lebenden Juden nicht schon viel früher annektiert haben. Das ging doch sonst auch ganz schnell. Denn die Beanspruchung einer angeblich jüdischen Kultur für die eigene Position bewältigt gleich zwei zentrale Probleme, die sich sonst der Wiederentdeckung deutscher Nationalgefühle von Heimat bis Leitkultur in den Weg stellen: Durch Verkündigung ihrer triumphalen Aufarbeitung werden die zwölf Jahre Nationalsozialismus, die ja sonst eher ein Problem sind, zur Grundlage, wieder richtig stolz auf Deutschland zu sein – und allen anderen ihre Vorurteile vorzuwerfen. Und durch die Behauptung, die Leitkultur existiere vor allem, um Juden vor den angeblich antisemitischen Muslim*innen zu schützen, gewinnt die Forderung nach einer deutschen kulturellen Dominanz für die Gegenwart endlich eine vermeintliche gesellschaftliche Rechtfertigung.

Dass das alles nicht viel mit der Realität zu tun hat, stört nicht weiter. Vielleicht sollte man ohnehin stattdessen fragen: wessen Realität? Denn Amthor scheint eben in einer Welt zu leben, in der man am 75. Jahrestag der Befreiung von Auschwitz Muslim*innen für Antisemitismus verantwortlich macht. Womit er nicht alleine ist. Seit 1945 fiel es vermutlich selten leichter, derart unbefangen und zugleich aggressiv den von den Vorfahren begangenen Holocaust zur Grundlage für deutsche Überlegenheitsgesten zu machen. Im Zentrum dieser deutschen Dominanzansprüche stehen einmal mehr – die Juden. Durch sie erst wird die Hoffnung auf eine gute und gerechtfertigte deutsche Leitkultur realisiert, wie sie Adorno bereits 1950 in seiner Rede über die Kultur beschrieb und wie sie sich konservative Kommentator*innen wie Amthor auch für die Gegenwart wünschen.

Solche Selbstaufwertung hat einen Preis, und den zahlen die Juden und Jüdinnen, die allen NTV-Interviews zum Trotz weiterhin von deutschen Nazis angegriffen werden. Und ihn zahlen auch diejenigen, die von Politiker*innen wie Philipp Amthor zur zentralen Bedrohung jüdischen Lebens erklärt werden, also meist, ich komme gleich darauf zu sprechen, Muslim*innen, die durch den Antisemitismus-Vorwurf weiterhin als das erscheinen, zu dem sie auch vorher schon gemacht worden waren: Integrationsprobleme. Nun werden Sie vielleicht einwenden wollen, dass Sie sich an einige Fälle erinnern können, in denen sich Menschen, die Sie als Migrant*innen aus dem Nahen Osten oder deren Kinder und Kindeskinder identifizierten, antisemitisch verhielten. Beispielsweise dieses Video von dem jungen Mann im Prenzlauer Berg, der von einem Deutsch-Araber am 17. April 2018 mit einem Gürtel geschlagen wurde, weil er eine Kippa trug. (Haben Sie auch darauf gewartet, dass dem Typen endlich die Hose runterrutscht?)

Mein Argument ist natürlich nicht, dass es keinen Antisemitismus unter Muslim*innen gibt, dieser Befund ist hinlänglich belegt. Entscheidend ist nicht die Frage, ob Antisemitismus unter Muslim*innen existiert, sondern ob Amthors Muslim*innen als *Hauptverursacher* antisemitischer Gewalt in Deutschland gelten können. Glücklicherweise gibt es darauf bereits eine Antwort. Und die heißt: Empirie. Laut einer Aufstellung des Bundesministeriums des Innern, für Bau und Heimat – also einer Institution, die keineswegs unter Islamismusverdacht steht – zur Hasskriminalität in Deutschland sieht die Sache für das Jahr 2018 wie folgt aus: 14 Straftaten von »links«, 164 Straftaten in der Kategorie »ausländische und religiöse Ideologien«. Und 1603 antisemitische Straftaten von »rechts«.[9] Tausendsechshundertdrei.

Leitkultur, Integrationsparadigma und Gedächtnistheater reiben sich verwundert die Augen, als Statistik so plötzlich über sie hereinbricht wie gutes Wetter an der Elbe. Auf ihren Fersen folgt Bundestagsarchiv, welches nach dem silbern glänzenden Mikrofon greift und erst einmal präsidial hineinhustet. Coronastyle. Diese Sprechmuschel fasst heute Abend keine*r mehr an! Bundestagsarchiv erinnert das mucksmäuschenstille Publikum an eine Regierungsbefragung, die am 13. Februar 2019 anlässlich der Veröffentlichung des 13. Menschenrechtsberichts der Bundesregierung im Bundestag stattfand. Die Abgeordnete der Linken Christine Buchholz fragte damals Außenminister Maas, wie sich die Bundesregierung die Zunahme von Rassismus, insbesondere Islamfeindlichkeit, erkläre und was die Bundesregierung dagegen zu unternehmen gedenke. Maas antwortete darauf interessanterweise direkt mit dem Hinweis,

> [d]ass im Bereich Rassismus und Diskriminierung [...] auch die Diskriminierung von Religionsgemeinschaften zugenommen hat. Auch antisemitische Straftaten und Diskriminierung haben zugenommen. Wir haben etwa im letzten Jahr entschieden, dass es einen Antisemitismusbeauftragten der Bundesregierung gibt.[10]

Der Verweis auf die Berufung eines Antisemitismusbeauftragten ist löblich. Allein – er beantwortet nicht die Frage, die Maas gestellt worden war. In ihr ging es um den Stand der zunehmenden *Islamfeindlichkeit* und darum, welche Gegenmaßnahmen die Bundesregierung plane. Dass er darauf erst mit ein paar allgemeinen Worten und dann dem Verweis auf den Antisemitismusbeauftragten antwortet, ist bezeichnend. Hier formuliert der Außenminister letztlich stellvertretend für die Bundesregierung, dass er sich den Schutz von Minderheiten vor allem als Schutz der jüdischen Bevölkerung vor Antisemitismus vorstellt. Das hat mit dem umfassenden Minderheitenschutz in einer Demokratie nicht viel zu tun. Und es müffelt nach der immergleichen Suppe, in die die Juden seit Generationen als Ersatzgruppe für alle möglichen Ermordeten hineingeworfen werden – von Sinti und Roma über die bei der T4-Aktion vernichteten Menschen mit angenommenen körperlichen, seelischen oder geistigen Beeinträchtigungen bis zu den als homosexuell stigmatisierten Opfern der Nazis.

Die Herausforderung, der sich eine politisch noch lange nicht realisierte plurale Perspektive auf Gesellschaft stellen müsste, wäre, die Komplexität des Hasses denken zu lernen. Einschließen würde das die Einsicht, dass die Gesellschaft aus sich überschneidenden Opfer- und Täter*innenpositionen besteht. Und dass das eine nie die Aufhebung des anderen bedeuten darf. Gruppen sind eben meist beides zugleich: Diskriminierende und Diskriminierte, abhängig von der Perspektive, die man wählt: Sexismus, Islamophobie, Klassismus, Antisemitismus, undsoweiterundsofort ... Auf eine Frage der Opposition wie jene zur Zunahme von Islamfeindlichkeit müsste ein Spitzenpolitiker entsprechend antworten: Es gibt eine zunehmende Islamfeindlichkeit unter nichtmuslimischen Deutschen. Und es gibt Antisemitismus unter Muslim*innen. Gegen beides müssen wir etwas tun.

In diesem Land leben Menschen, die Juden und Jüdinnen

an ihrem höchsten Feiertag in einer Synagoge ermorden wollten. Auf dem Video der Helmkamera des Attentäters von Halle ist zu sehen, wie der Mann mehrfach über »Juden« und »Kanaken« schimpft und anschließend eine Frau und einen Mann in einem Dönerimbiss erschießt. Ich habe den Angriff am Tag der Jom-Kippur-Feier im Oktober 2019 in Halle als klares Signal verstanden, dass in einer Zeit, in der sich Rechtsextremismus von den Parlamenten bis zu tödlichem Terror immer ungehemmter äußern kann, keine*r von uns wirklich sicher ist. Die Lösung angesichts dieser Bedrohung liegt nicht im Schuldzuweisen an einzelne Bevölkerungsgruppen, sondern in einer anderen Gesellschaft, in der alle gleichermaßen und ohne Angst verschieden sein können.

Vielleicht haben Sie es nicht bemerkt, aber unterdessen hat eine der populärsten Figuren des Abends den Ring betreten, der, den sie schlicht »Der Jude« nennen. Mit ruhigen Schritten hat er den Boxring ausgemessen und erst danach den langen schwarzen Mantel fallen gelassen. Darunter trägt er einen blauen Einteiler mit goldglitzernden Sternen darauf. Das Publikum rastet auf deutscheste Art aus, alle klatschen im Takt, dann ist es allen peinlich und sie klatschen durcheinander, das halten sie nicht durch und klatschen doch wieder im Takt. Gedächtnistheater und Leitkultur nähern sich Dem Juden ehrfurchtsvoll, nur Integrationsparadigma ist abgelenkt und scheint etwas anderes im Blick zu haben. Nachdem es halb um ihn herumgeschlichen ist, erkennt auch das Publikum, dass mit Dem Juden noch eine zweite Figur den Ring betreten hat, ganz in Schwarz gekleidet, mit Kopftuch, einen Sprengstoffgürtel um den Bauch – »Der Muslim«.

Erinnern Sie sich auch so gut wie ich, beziehungsweise in

dem Fall so schlecht, weil Sie damals noch zu klein dafür waren? »Muslim*innen« spielten in den neunziger Jahren so gut wie keine Rolle in der öffentlichen Berichterstattung. Das ominöse Wort der Stunde war damals »Fremdenfeindlichkeit«. Keine schlechte Erfindung für die deutsche Dominanzkultur, denn es machte alle Diskriminierten, Angegriffenen und Ermordeten gleichermaßen zu Fremden und wies den Angreifer*innen und Stammtischen implizit die Definitionsmacht darüber zu, wer sich hier gegen wen wandte: Die Einheimischen gegen die Fremden, was sich damals besonders gegen türkeistämmige, vietnamesische und Schwarze Deutsche richtete. Diese Entwicklung gipfelte in der Veränderung des Grundgesetzes am 26. Mai 1993, als der Bundestag das uneingeschränkte Recht auf Asyl abschaffte. Man begründete diese Entscheidung damals mit, halten Sie sich an Ihrem zinsfreien Sparbuch fest: der zunehmenden Fremdenfeindlichkeit. Keine Pointe!

Die damalige Begründung ist so logisch, als schaffte man das Verfallsdatum von Milch ab, damit die Milch nicht mehr so schnell schlecht wird. Damit löst man das Problem nicht, sondern verlängert bloß die Dauer, die die Milch im Kühlschrank steht und vor sich hin schimmelt. Ebenso wenig verschwindet Rassismus, weil man ihm nachgibt oder stur behauptet, Deutschland habe aus seiner Geschichte gelernt. Viel wichtiger sind Fakten, ist das, was passiert. Und Fakt ist und war auch damals für jede*n, der*die hinsah, dass der Staat in den neunziger Jahren vor der rassistischen Gewalt einknickte. Dieses Zugeständnis haben sich die Gewalttäter*innen und ihre Unterstützer*innen gut gemerkt. Neben der Reaktivierung spezifisch deutscher Denktraditionen mag das ein weiterer Grund dafür sein, dass viele bis heute nicht davon lassen können, eine Zugehörigkeit zu Deutschland in ethnischen und kulturellen Kategorien zu propagieren. Wer nicht das richtige Aussehen, den richtigen Stammbaum oder die richtige Religion hat, zählt nicht dazu. Fremdenfeindlichkeit eben.

Andererseits gehört ja zum Älterwerden, dass die Moden sich ändern. Plateauschuhe und Eurotrance sind out. Deutschlandfahne ist in. Uropas Ledermantel, Omas Haarschnitt, Mutters Kleider sind auch in. Wurden in Deutschland lebende, als »Fremde« markierte Menschen in den neunziger Jahren noch bevorzugt als Asylant*innen, Türk*innen oder der Einfachheit halber schlicht als Ausländer*innen bezeichnet, so änderte sich das innerhalb eines Jahrzehnts radikal. Die erste Schwelle der Umetikettierung war sicherlich der 11. September 2001, aber hierzulande ist das neun Jahre später veröffentlichte Buch *Deutschland schafft sich ab*[11] ein besonderer schwarzrotgoldener Meilenstein. Nun würde ich gerne schreiben, dass es sich dabei um das Horst-Wessel-Lied des wutbürgerlichen Sachbuchmarkts des beginnenden 21. Jahrhunderts handelte, aber das wäre vielleicht justiziabel, vor allem aber wäre es falsch - denn das Lied ist ja verboten, das Buch nicht. In jedem Fall führte es einen neuen Feind in die Debatte ein, indem es obsessiv eine vermeintlich entscheidende *kulturelle* Differenz konstruierte - einen Feind mit oder ohne Kopftuch. Seitdem hört man immer weniger von Türken und Arabern - und immer mehr von: Muslim*innen.

Nachdem das Feindbild Sozialismus selbst in James-Bond-Filmen implodiert war, fand sich im Zuge der Angriffe islamistischer Terrorist*innen in den nuller Jahren so endlich ein neuer Gegner: der Islam. Ihm und allen angeblich von ihm

Kontaminierten steht ein diffuses Lebensgefühl gegenüber, das von den einen als liberal, von den anderen als christlich, von Dritten als Leitkultur bezeichnet wird. Der Terror einiger gut organisierter Islamist*innen dient dabei immer wieder als Beweis für eine neue gesellschaftliche Frontstellung, bei der die einen sich fühlen können, als hätten sie im World Trade Center gesessen – und den anderen vermittelt wird, sie seien eine potentielle Gefahr. Diese Menschen werden seitdem dem Kollektiv der Muslim*innen zugeschlagen, unabhängig davon, wie sie sich selbst einordnen. Denn um Selbstdefinition geht es nicht.

In ihrem Buch *Yalla, Feminismus!*[12] beschreibt die Linguistin und Rapperin Reyhan Şahin aka Dr. Bitch Ray die Auswirkungen, die dieser Prozess der Muslimisierung für Menschen hat:

> Ob wir uns als religiös oder säkular verstehen, nur
> so »aussehen« und eigentlich nicht gläubig sind,
> [...] Menschen, die als Muslim*innen wahrgenommen
> werden, werden als solche markiert, ethnisiert,
> kulturalisiert und rassifiziert.[13]

Unabhängig von ihrer persönlichen Beziehung zu Religiosität oder religiösen Institutionen werden Menschen, deren Erscheinung einer bestimmten rassistischen Erwartung entspricht, gegenwärtig vor allem als muslimisch kategorisiert – und in der Folge nach ihren Ausweisen gefragt, als Sitznachbar*innen in der S-Bahn gemieden, bei Job- und Wohnungsvergaben diskriminiert. Hast du schwarze Haare und heißt Mazlum, Necati oder Kübra, bist du Muslim*a oder vermittelst zumindest den Eindruck, du könntest es sein, dann Sack zu und ab in den Fluss. Selbstverständlich hat das so gut wie gar nichts mit der Realität all der verschiedenen Menschen zu tun, die es trifft: »Muslim*innen«, das unterteilt sich eben in Wahrheit in kurdisch, türkisch, alevitisch, säkular, religiös, albanisch, arabisch, lesbisch, sunnitisch, schiitisch, schwul, bosnisch, feministisch, konservativ, homophob, queer, iranisch, deutsch – oder auch christlich oder jüdisch, denn die kommen ja manchmal ebenfalls aus dem Nahen Osten und sehen auch nicht anders aus. Diese Unterschiedlichkeit hat auch die Debatte um Repräsentation nach den Anschlägen von Hanau noch einmal deutlich gezeigt, bei der die unterschiedlichen Opfergruppen um die Frage stritten, wer für die Toten sprechen dürfe und wer nicht.

Wer aber in der Gegenwart viel und obsessiv über Muslim*innen redet, dem geht es meistens nicht darum, derartige lebensweltliche Vielfalt abzubilden, sondern der folgt einem fiktiven gesellschaftlichen Bedrohungsszenario – von Kopftuchmädchen bis zu »barbarische[n], muslimische[n], gruppenvergewaltigende[n] Männerhorden«[14], die damals zur Kölner Silvesternacht deutsche Frauen belästigten. Vor diesem Hintergrund wird verständlich, warum sich laut *Religionsmonitor 2019* der Bertelsmann-Stiftung glatt die Hälfte der deutschen Bevölkerung vom Islam bedroht fühlt.[15] Betonung auf fühlt. Sicher, in bestimmten muslimischen Communities existieren gravierende Probleme von Antisemitismus bis Frauenfeindlichkeit – von ihnen aber geht nicht die zentrale Bedrohung für die deutsche Gegenwart aus. Diese Ehre kommt allen Zahlen nach historisch und auch gegenwärtig der politischen Rechten zuteil. Das gilt für Terror ebenso wie für Straftaten ebenso wie für die Parteipolitik, in der völkisches Denken seit einigen Jahren so richtig fit für die Zukunft gemacht wird.

Nach einer fundamentalistischen Scharia-Partei suche ich hingegen vergeblich; das Gegenteil ist der Fall – über 90 Prozent der befragten Muslim*innen aus dem zitierten *Religionsmonitor* 2019 halten die Demokratie für eine gute Regierungsform. Das ist eine höhere Zustimmung als unter den befragten Atheist*innen.[16]

Dennoch tourt beispielsweise der Psychologe Ahmad Mansour seit Jahren als Tabubrecher durch deutsche Talkshows und erzählt jeder*m, der*die es gern zum hundertsten Mal hören möchte, dass besonders arabische muslimische Männer ein Demokratieproblem hätten. Statt mit »falsche[r] Toleranz«[17] sollten diese Menschen endlich mal mit einer ordentlichen Portion integrativer Härte behandelt werden, die in Extremfällen auch vor Abschiebungen nicht zurückschrecken dürfe.[18] Bedenkt man die vom *Religionsmonitor* belegte überwältigende Unterstützung der Demokratie vonseiten der Muslim*innen, scheint dieses Urteil Mansours tatsächlich nur sehr begrenzte Reichweite zu besitzen. Seine Aussagen zu spezifischen Gruppen mögen stimmen oder auch nicht – sei es zu einer *Generation Allah*[19] oder zu arabischer Männlichkeit –, mir geht es darum, die Gültigkeit dieser Befunde für die Mehrheit der muslimischen Bevölkerung in Deutschland in Frage zu stellen. Auch die Islamwissenschaftlerin Katajun Amirpur unterstreicht in den *Blättern für deutsche und internationale Politik* zu Recht, dass derartige Verallgemeinerungen ein verzerrtes und »diffamierendes Islambild« zur Folge haben könnten.[20] Ich hänge ja auch nicht im Berghain ab und behaupte dann, ganz Berlin sei mit Vorliebe zugedröhnt und tanze jeden Sonntag halbnackt in der Panorama-Bar.

Eine solche aus der größtmöglichen Schublade gegriffene Perspektive wird weder Berlin noch den Menschen gerecht, die von außen als muslimisch schubladisiert werden. Denn diese Menschen gestalten die Gesellschaft an allen möglichen Stellen mit, machen sie lebendig und wehrhaft – sei es, weil sie die feministische Theoriebildung mit einer ökonomiekritischen und postmigrantischen Perspektive zusammenbringen wie Dr. Bitch Ray, sei es, weil sie dem Theater in den letzten Jahren neue Perspektiven eröffnet haben wie meine Freund*innen am Maxim Gorki Theater, sei es, weil sie Deutschland zu einem besseren, weniger verbissenen, weltoffeneren Land machen wie das riesige postmigrantische Netzwerk von Vereinen und Projekten namens *Neue Deutsche Organisationen*. Oder sei es, weil sie all das nicht tun. Menschen können nämlich sein, wie sie wollen, auch gierig, faul und schlecht, und gehören dennoch dazu. Eine Gesellschaft, die sich selbst die Staatsform einer Demokratie auf die Fahnen schreibt, darf zu keinem Zeitpunkt akzeptieren, dass religiöse oder anderweitig als anders markierte Teile der Bevölkerung ausgeschlossen, angegriffen oder vertrieben werden. Das gilt selbstredend auch für Geflüchtete und Menschen, die keinen Aufenthaltstitel haben, denn auch sie gehören zu Deutschland. Und zwar unabhängig davon, ob sie nun den Vorstellungen irgendeines abgehalfterten Wrestlers wie Philipp Amthor entsprechen oder nicht.

Der Jude und Der Muslim sind gemeinsam mit Adorno, Statistik und Bundestagsarchiv in der Kabine verschwunden, wo sie mit May Ayim, Reich-Ranicki und ein paar Berliner Battle-Rappern den Schampus aus der Eiswanne geholt haben. Auch im Innenraum neigt sich die Show ihrem Ende zu. Als letzter Special Guest wird Jesus von der Decke der Arena herabgelassen und schwenkt ein Schild, auf dem steht:

Die größte Bedrohung für die deutsche Gegenwart geht nicht von Muslim*innen aus, sondern von rechten Deutschen. Am Ausgang gibt es diesen Spruch eingerahmt für jede Leitungskraft bayrischer Behörden, die seit dem 1. Juni 2018 ihre Eingangshallen mit Kreuzen schmücken müssen. Gedächtnistheater, Leitkultur und Integrationsparadigma lassen sich von Jesus einen Balken aus dem Auge ziehen. Dann hebt er zu seiner Bergpredigt an, das Publikum lauscht wie auf Opium, ein guter Moment, die Szene zu verlassen.

# HUFEISENTHEORIE FOREVER. SYMMETRIE IM RECHTEN WINKEL

Der Plan für dieses Buch lautete ursprünglich: Mich vom Phantasma der Heimat und Leitkultur zum Irrsinn des deutschen Volksbegriffs vorzuarbeiten, auf dem Weg die symbolischen Juden und Muslime aus ihren Vitrinen zu befreien und ein paar Gedanken zu entwickeln, wie man die AfD unmöglich machen kann. Eigentlich ganz easy und strukturiert, was mein Verlag auch gedacht haben wird. Aber dann ließ sich Anfang Februar der Thüringer Kandidat der FDP mit den Stimmen der AfD zum Ministerpräsidenten wählen. Und nur zwei Wochen später ermordete ein rassistischer Terrorist zehn Menschen in der hessischen Kleinstadt Hanau. Im März dann bebte in Kroatien die Erde, brach in Indonesien ein Vulkan aus, überzog eine Heuschreckenplage epischen Ausmaßes Ostafrika – und schließlich zwang ein sich bereits seit Jahresanfang ausbreitendes Virus die gesamte Menschheit auf unbestimmte Zeit in häusliche Isolation.

Während dieses Testlaufs der biblischen Apokalypse saß ich zuhause, fühlte mich ungesund ausgeschlafen, stand nie am Fenster, um zu klatschen, und versuchte, mein Skript auf Hochglanz zu polieren. Unterdessen wirbelte der deutsche Shutdown einen Haufen Gewissheiten durcheinander. Plötzlich wurden beispielsweise Berufe wie Pfleger*in oder Lebensmittelverkäufer*in, die vorher geringgeschätzt und schlecht bezahlt worden waren, als »systemrelevant« bezeichnet. Das bedeutete angesichts bestehender und in der Krise deutlich zutage tretender Ungleichheiten zwar höchstens einen symbolischen Fortschritt, war aber vielleicht dennoch ein Auftakt für Veränderungen. Die Erschütterung der Gewissheiten betraf aber nicht nur Berufszweige und ungleiche Anerkennung in einer Klassengesellschaft, sondern auch das deutsche Selbstverständnis: Die Reaktionen auf Corona offenbarten deutlich den Unterschied zwischen dem Punkt, an dem wir gerne wären, und dem Punkt, an dem sich die Gesellschaft tatsächlich befindet.

Das lässt sich gut am in den ersten Monaten der Corona-Krise viel bemühten Solidaritätsbegriff zeigen. Solidarität ist nicht von sich aus eine Tugend, sie kann sich auch als völkische, rassistische oder nationalistische Verbundenheit äußern. Entscheidend ist also nicht die Frage, ob eine Gesellschaft solidarisch sein kann, sondern wen sie in ihre Solidarität mit einschließt. Und da hatten bereits in den Monaten vor dem Virus die Aufdeckung rechter Strukturen in Bundeswehr[1], Verfassungsschutz, Polizei und Feuerwehr[2] und die unterlassene Hilfeleistung für die Geflüchteten an der türkisch-griechischen Grenze deutliche Hinweise geliefert. Aber erst der abrupte Schulterschluss gegen Corona und die Verkündigung bedingungsloser Solidarität machten klar, dass es in den vorausgegangenen Fällen nicht an staatlicher Durchsetzungsfähigkeit gemangelt hatte, sondern an – Solidarität.

Bevor Sie sich nun unbeteiligt pfeifend aus dieser Beschreibung schleichen können: Diese Einsicht gilt natürlich nicht allein für den Staat, sondern für jede*n Einzelne*n von uns. Die vielfach gelebte Solidarität der ersten Monate der Corona-Krise bedeutete, dass wir uns mit den Maßnahmen des Staates abfanden, sie oft auch guthießen und wohlwollend an die armen Prekarisierten in ihren systemrelevanten Jobs dachten – solange sie uns in den Kaufhallen nicht Klopapier und Trockenhefe wegkauften. Damit wurden wir zu

Kompliz*innen einer Gegenwart beschränkter Solidarität. Beschränkt, weil der medizinische Notstand bestehende Ausschlüsse neuerlich sichtbar machte – niemand etwa wird behaupten können, die Maßnahmen zu Corona seien eingerichtet und von uns allen eingehalten worden, um Migrant*innen zu schützen. Wäre es anders, hätten Staat und Gesellschaft ja bereits mit vergleichbar massiven Anstrengungen auf den NSU, auf Chemnitz, Halle und Hanau reagieren können. Haben sie aber nicht.

Was noch einmal plausibler wird, schaut man sich die Geschichte eines anderen medizinischen Notstands an: die Pandemie des Humanen Immundefizienz-Virus, HIV. Erinnern Sie sich noch oder haben Sie sich je damit beschäftigt, wie sich die Gesellschaften in den achtziger Jahren mit Abscheu und Gleichgültigkeit abwandten, als weltweit Millionen Menschen an Aids verstarben? Wer zählte die Toten? Wer rief auf zur Solidarität? Welche Ressourcen stellte der Staat bereit, um die Ausbreitung zu bekämpfen? Und das Sterben geht ja hier und vor allem jenseits der westlichen Welt weiter. Im März 2020 wurde der New Yorker Künstler AA Bronson vom *Monopol*-Magazin zur Vergleichbarkeit von Aids und Corona befragt. Bronson, der die Aids-Krise in den achtziger Jahren miterlebt und viele Freund*innen an die Krankheit verloren hat, wies darauf hin, dass auch die neue Pandemie wieder die Armen und Diskriminierten treffen werde, sagte dann aber folgenden treffenden Satz:

> Zum Glück sind es die älteren weißen Menschen, die ebenfalls in Gefahr sind, die die Regierungshaushalte kontrollieren, so dass in diesem Fall Maßnahmen garantiert sind.[3]

Wir können Bronson zufolge froh sein, dass die Krankheit auch Königinnensöhne und Ministerpräsidenten trifft. Hätte sich das Virus wie die Aids-Pandemie vor allem als Phänomen diskriminierter gesellschaftlicher Gruppen darstellen lassen, wäre auch der große Aufruf zur gesellschaftlichen Solidarität unterblieben. Neben die »Homosexuellen-Seuche ›Aids‹«[4], wie der *Spiegel* sie am 6. Juni 1983 nannte, wäre dann einfach das »China-Virus« getreten, wie der US-Präsident Donald Trump das SARS-CoV-2 zunächst bezeichnete. Angesichts solcher Zuordnungen kann auch die Beschwörung gesamtgesellschaftlicher Solidarität den Verdacht nicht aus dem Weg räumen, dass man den Corona-Maßnahmen nicht aus der Überzeugung heraus Folge leistete, dass alle Menschen dieser Gesellschaft einen Anspruch auf Schutz genießen, sondern weil auch die eigenen Großeltern und Freund*innen bedroht waren.

Daraus schließe ich: Die Schutzmaßnahmen gegen die Corona-Pandemie wurden nur darum als gesamtgesellschaftliche Herausforderung kommuniziert, weil alle ausnahmsweise in derselben Petrischale saßen. Das ist aber in den meisten Notfällen und Bedrohungssituationen nicht der Fall, wie ein historischer Vergleich mühelos beweist. Staat und Gesellschaft haben in den letzten Jahrzehnten keinen vergleichbaren Schutz für diskriminierte Gruppen geboten, was mich vermuten lässt, sie hätten es auch diesmal nicht getan. Die beispiellosen persönlichen und staatlichen Solidaritätsbekundungen rund um die Corona-Krise machen also nicht nur deutlich, *was* alles möglich ist, sondern auch, für *wessen* Leben Himmel und Hölle in Bewegung gesetzt werden und selbst die Wirtschaftsmaschinerie alle Räder still stehen lässt – und für wessen Leben nicht. Nein, die Corona-Solidarität war keine allgemeine, sie bewegte sich in den engen Grenzen, die Nationalismus, Reichtum und Rassismus zwischen den Gesellschaften und durch sie ziehen.

Aber auch die Monate vor dem Shutdown zeigten, was in diesem Land alles geht, wenn man nur will. Und gewollt wurde 2020 so einiges: Wenige Wochen vor den ersten heftigen europäischen Reaktionen auf Corona war im Thüringer Landtag mal wieder die politische Kanalisation übergelaufen. Und da sah es mit der uneingeschränkten Solidarität für alle Mitglieder der Gesellschaft gar nicht gut aus. Zur Erinnerung noch einmal der Ablauf der Ereignisse: Am 5. Februar 2020 stellte eine Partei, die sich frei und demokratisch nennt, ihren Kandidaten im dritten Wahldurchgang gegen den amtierenden Ministerpräsidenten Bodo Ramelow von der Linken auf. Thomas Kemmerich, dessen FDP mit haarfeinen 5,01 Prozent im Thüringer Landtag saß, wurde daraufhin mit den Stimmen der eigenen Fraktion, der CDU und der AfD zum Ministerpräsidenten gewählt. Und weil Kemmerich einfach platt wie 'ne Flunder und erschrocken war, nahm er die nur mit Hilfe einer von einem Faschisten angeführten Partei zustande gekommene Wahl direkt an.

Damit überschritt Kemmerich genau jene Grenze, die in Thüringen das letzte Mal 1930 passiert worden war. Damals hatten Parteien die erste deutsche Landesregierung unter Beteiligung von Nationalsozialist*innen gebildet. In den Tagen, die neunzig Jahre später auf diesen neuerlichen Zusammenbruch der in Folge des Nationalsozialismus eingerichteten politischen Kläranlagen folgten, wurden in den sozialen Medien und den Kommentarspalten der Zeitungen viel Wut und Polemik über CDU und FDP ausgekippt – Herrscher von Gnaden der Faschist*innen seien sie, Sargnägel für die Erzählung einer demokratischen Mitte, das Ende des bürgerlichen Lagers. Nun ja, Papier ist ja bekanntlich geduldiger als Twitter, und außerdem sehe ich die Dinge mit etwas mehr zeitlicher Distanz zu den Ereignissen auch mit größerer Gelassenheit. Und möchte meine damaligen Gefühle darum gern so objektiv wie möglich zusammenfassen: FDP und CDU sind opportunistische Drecksparteien, die mit einem Faschisten gemeinsame Sache machen.[5]

Aber schauen wir mal, wie FDP und CDU ihre radikale Hinwendung zu den Rechtsradikalen selbst rechtfertigten. Als hätten sie sich abgesprochen, führte jede*r ihrer Apologet*innen früher oder später das Argument ins Feld, links- und rechtsextreme Positionen seien gleich weit von der »bürgerlichen Mitte« entfernt und müssten gleichermaßen verhindert werden. Und darum habe man, nun ja, äh, uh ... lieber mit der AfD zusammenarbeiten wollen, als den amtierenden Ministerpräsidenten wiederzuwählen. In einfaches Deutsch übersetzt bedeutet das, dass man lieber mit einem Faschisten wie dem Thüringer AfD-Vorsitzenden Björn Höcke paktiert, als einen Linken wie Ramelow zu wählen, der vieles sein mag, nur nicht linksextrem. Wirklich, ich kann das sogar beweisen. Am 5. März 2020 wählte Ramelow nämlich, nachdem er schlussendlich doch als Landesvater bestätigt worden war, den AfD-Vizepräsidenten mit.[6] So was macht kein Linksextremer.

Für CDU und FDP aber spielt es keine Rolle, ob der Ministerpräsident nun wirklich links oder antifaschistisch ist – für ihr Argument gilt die uneingeschränkte und von Fakten ungetrübte Annahme: Links ist so schlimm wie rechts. Jede Verkehrspolizistin würde ihnen dafür die Fahrerlaubnis entziehen, auch auf Thüringer Straßen. Dennoch ist diese eigenartige Richtungslehre das herrschende politische Paradigma von CDU und FDP. Es wird auch als *Hufeisentheorie* bezeichnet, Sie verstehen schon, weil so ein Hufeisen sich an seinen beiden Enden nach innen biegt, so dass links und rechts sich fast berühren. Und ganz oben steht, selbstverständlich, die bürgerliche Mitte und hat mit beiden Seiten nichts zu tun. Zwei unterhaltsame Beispiele zur Illustration, welche blödsinnigen Blüten diese Vorstellung so treibt: Zur Vorweihnachtszeit 2019 lud die Junge Union Berlin alle Berliner*innen zu einem gemeinschaftlichen Singen ein – Titel: *Schlager gegen links*. Der Gedanke dahinter: Wenn es »Schlager gegen rechts« gibt, muss es halt auch mal »Schlager gegen links« geben, gerecht ist gerecht! Aber auch die richtig erwachsenen CDUler*innen der Hauptstadt ließen sich nicht lumpen und verabschiedeten im Jahr des rechtsradikalen Mordes am CDU-Abgeordneten Walter Lübcke und dem Terrorangriff auf die Synagoge in Halle Ende November 2019 einen Aktionsplan – und zwar gegen linke Gewalt. In Handychats gibt es dieses Emoticon, bei dem einem kleinen Gesicht das Gehirn abbrennt. So fühlte sich das an.

Dazu fällt mir eine Parabel ein: Der Parasit *Toxoplasma gondii* befällt Mäuse, die daraufhin ihre Angst vor Katzen vergessen. Kommt eine vorbei, flieht die Maus nicht vor ihrem Fressfeind. Die Katze ist der Rechtsextremismus. Der Parasit die Hufeisentheorie. Die Maus ist die bürgerliche Mitte. Ich will also nicht einmal so weit gehen zu beklagen, dass die Hufeisentheorie denjenigen gesellschaftlichen Gruppen Schutz verweigert, die von rechtem Terror seit Jahrzehnten bedroht sind. Das erwarte ich von CDU und FDP sowieso nicht mehr. Aber dass diesen Parteien und ihrer Klientel durch das Hufeisen-Paradigma die eigenen Leute egal werden, ist doch eine neue Qualität, die an Selbstzerstörung grenzt.

Diese Tendenz zeigte sich besonders eklatant an den ausbleibenden Reaktionen der CDU, nachdem am 2. Juni 2019 mit Walter Lübcke einer ihrer eigenen Leute dem sehr deutlichen Anschein nach von einem Rechtsradikalen erschossen worden war. Statt den Mord am Regierungspräsidenten von Kassel auf allen zur Verfügung stehenden Kanälen nach Kräften zu verurteilen, twitterten Unions-Abgeordnete in der Zeit danach zehnmal so häufig über das Youtube-Video »Die Zerstörung der CDU« des linken Internet-Feuilletonisten und Quatschmachers Rezo.[7] Ich habe das Internet selten so laut dröhnen gehört vor Schweigen.

Will man die systematische Blindheit der bürgerlichen Parteien für die rechte Bedrohung nachvollziehen, die auch zum Fanal der Thüringen-Wahl führte, lohnt eine Betrachtung der Vorgeschichte des Mordes. Walter Lübcke hatte am 14. Oktober 2015 bekanntlich an einer Bürgerversammlung im hessischen Lohfelden teilgenommen, wo er den Anwesenden das Projekt einer vom Land Hessen geplanten Erstaufnahmeunterkunft für Geflüchtete vorstellte. Während die Mehrheit der Anwesenden dem Plan positiv gegenüberstand, befanden sich auch einige Anhänger des Kasseler Pegida-Ablegers namens Kagida im Saal, die Lübcke während der Veranstaltung mehrfach beschimpften und ausbuhten. Auf diese Angriffe reagierte der CDU-Politiker noch während der Veranstaltung mit folgenden Worten:

> Es lohnt sich, in unserem Land zu leben. Da muss man für Werte eintreten, und wer diese Werte nicht vertritt, der kann jederzeit dieses Land verlassen,

> wenn er nicht einverstanden ist. Das ist die Freiheit eines jeden Deutschen.[8]

Lübcke formuliert hier spiegelbildlich, was Bundeskanzlerin Merkel in Reaktion auf die Kritik an ihrem Umgang mit der Flüchtlingssituation nur einen Monat vorher gesagt hatte. Bei Merkel klang es im September 2015 folgendermaßen:

> Ich muss ganz ehrlich sagen, wenn wir jetzt anfangen, uns noch entschuldigen zu müssen dafür, dass wir in Notsituationen ein freundliches Gesicht zeigen, dann ist das nicht mein Land.[9]

Statt »dann ist das nicht mein Land« heißt es bei Lübcke sinngemäß »dann ist das nicht euer Land«. In seinem später widerrufenen Geständnis verwies der vermutliche Mörder des Kasseler Regierungspräsidenten ausdrücklich auf diesen Satz als Grund für seine Tat. Bei der Ermordung Lübckes handelte es sich also allem Anschein nach auch um eine symbolische Ermordung der Bundeskanzlerin für ihre Flüchtlingspolitik 2015 – die übrigens ihrerseits schon bald nur noch symbolisch war. Nun scheinen Teile der CDU spätestens seit dem Herbst 2015 mit der Frage zu hadern, ob Menschenrechte tatsächlich den richtigen Bezugsrahmen für die Politik der Bundesrepublik Deutschland darstellen. Dieses Hadern ist ein weiterer Grund für das Schweigen der Union zum Lübcke-Mord.

Beim Terror der Roten Armee Fraktion (RAF) von den siebziger bis in die neunziger Jahre wurde derartiges Schweigen der linksliberalen Öffentlichkeit übrigens noch in zahlreichen konservativen Attacken als »klammheimliche Freude« bezeichnet.[10] Und dieser Vorwurf ist ein naheliegender Bezugspunkt, will man die mauen Reaktionen der selbsterklärten bürgerlichen Mitte auf den rechten Terror ins Verhältnis setzen. Bekanntermaßen waren die staatlichen Maßnahmen gegen die RAF überaus drastisch – man führte neue Fahndungsmethoden ein, veränderte nach dem sogenannten »Deutschen Herbst« 1977 das Strafrecht etwa in der Frage, ob die Angeklagten ein Recht auf persönliche Anwesenheit im Prozess oder die freie Wahl ihrer Anwält*innen hatten, sprach Berufsverbote aus, stellte die gesamte linke Subkultur unter den Verdacht der Beihilfe zum Terror. Zeitgleich ermordete die damals weitgehend unbeachtete und heute nahezu vergessene rechtsextreme Wehrsportgruppe Hoffmann allein 1980 vierzehn Menschen. Die gerade im Vergleich deutlich werdende Tradition der Untätigkeit von Behörden und Regierung gegen rechten Terror setzt sich fort bis zu den nach Ansicht vieler offensichtlichen Verstrickungen des Verfassungsschutzes in die Morde des NSU. Umso fataler fällt das Schweigen der Politiker*innen der CDU zum Mord an ihrem Parteikollegen Walter Lübcke ins Gewicht.

Seit der Aufdeckung des NSU 2011 ist überdeutlich, dass die Gesellschaft mit einer massiven Bedrohung durch rechten Terror konfrontiert ist, die in den letzten Jahren eher zuals abgenommen hat. Die Anschläge von Halle und Hanau waren dafür nur die letzten und sichtbarsten Beweise. In einer funktionierenden Demokratie wäre anzunehmen, dass der Staat sich gegen eine solche Bedrohung zur Wehr setzt – wenn schon nicht, weil er sich grundsätzlich schützend vor Angegriffene stellt, dann doch zumindest, weil er ein Interesse daran hat, sein Gewaltmonopol aufrechtzuerhalten. In dieser Hinsicht funktioniert der Staat doch letztlich wie ein

Schutzgelderpresser, der Geld und Arbeit für Schutz verlangt, es dir aber nicht freistellt, ob du seinen Schutz auch haben möchtest. Wenn du nicht zahlst und arbeitest, macht er dich fertig. Aber irgendwas stimmt bei diesem Deal in Deutschland nicht. Denn während du in die Sozialsysteme einzahlst oder dich das Arbeitsamt schikaniert, wird die rechte Bedrohung weitgehend ignoriert. Stattdessen grölt die Christliche Demokratische Union *Schlager gegen links*. Wen wundert es da noch, dass meine Freund*innen und ich Schwierigkeiten haben, uns mit diesem Staat zu identifizieren?

Und es geht weiter. Zeitungen und Fernsehen veröffentlichen nahezu wöchentlich neue Enthüllungen über Nazis in deutschen Institutionen. Knapp 500 gewaltbereite Rechtsextreme waren laut Bundesinnenministerium im Jahr 2020 untergetaucht[11], was bedeutet: Keine*r weiß, wo diese Menschen sind und was sie planen. Würde der Staat sich selbst respektieren, hätte er nach den Aufdeckungen der letzten Zeit jeden Grund, mit aller Härte gegen rechte Strukturen vorzugehen. Denn die Nachrichten über die rechtsradikale Unterminierung staatlicher Institutionen sind keine Lappalie, offensichtlich träumen Gruppen schon heute vielerorts von Terror, Amok und Bürgerkrieg. Und was heißt schon träumen, sie horten Waffen, lassen Beweismittel verschwinden, bedrohen Anwält*innen, sitzen oft an genau jenen Stellen, die eigentlich tätig werden müssten, wenn Politiker*innen auf der Terrasse ihres Hauses oder Menschen in einer Shishabar ermordet werden. Die *taz* hat zur Unterwanderung staatlicher Institutionen 2020 eine umfassende Recherche unter dem Titel »Hannibals Schattennetzwerk«[12] zusammengestellt, der Sammelband *Extreme Sicherheit*[13] trug bereits 2019 Informationen zu Rechtsradikalen in Polizei, Verfassungsschutz,

Bundeswehr und Justiz zusammen. Jede*r, der*die das alles wissen möchte, kann es wissen. Der Staat aber hält sich bedeckt.

Offensichtlich sind Vertreter*innen dieses Staates Opfer jenes Amnesie bewirkenden Parasiten *Toxoplasma gondii*: Sie fühlen sich von rechter Gewalt nicht einmal dann bedroht, wenn sie ihre eigenen Leute trifft. Der Unterschied zum Toxoplasma ist bloß, dass die Wehrlosigkeit nicht von einem Parasiten herrührt, sondern von einem bestimmten politischen Paradigma. Die DDR existiert seit dreißig Jahren nicht mehr, die letzte Generation der RAF hat dem Terror abgeschworen und angesichts des kaputtgesparten Gesundheitssystems hat die zumindest rhetorische Kritik an Neoliberalismus und Privatisierung sogar unter Politiker*innen jenseits der Linken zugenommen. Aber auch ohne deren Support werden meine Freund*innen und ich weiterhin alle verfügbaren Kräfte mobilisieren, um Nazis zu bekämpfen. Denn das ist heute so bitter nötig wie dazumal. Dazu gibt es von mir noch folgende Kerninformation, gratis zum Mitnehmen: Es existiert kein gezielt Menschen mordender linker Terror im Deutschland der Gegenwart. Daran ändert auch ein brennender Einkaufswagen zu Neujahr 2020 auf einer Straßenkreuzung in Leipzig-Connewitz nichts.

Die Gefahr für den Staat und seine Bürger geht eben nicht von links aus, es ist umgekehrt: Linke halten ihre Körper hin, wenn es auf den Straßen mal wieder heißt: Deutschland den Deutschen, Ausländer raus! Die Bedrohung, die völkisches Denken und Handeln für die postnationalsozialistische deutsche Demokratie bedeuten, ist von besonderer Qualität. Das weiß auch das Grundgesetz, das im Geiste einer wehrhaften Demokratie verfasst wurde. An den Ereignissen von Thüringen zeigte sich neuerlich, dass die Vorstellung vom rechts und links sich annähernden politischen Spektrum es den Parteien der selbsterklärten bürgerlichen Mitte vor allem anderen ermöglicht, mit der AfD gemeinsame Sache zu machen. Die Hufeisentheorie hat zur Folge, dass diese sogenannte Mitte sich radikal von einer Anerkennung der gesellschaftlichen Bedrohungslagen in einer Gegenwart verabschiedet, in der Rechte auf den Straßen einer deutschen Kleinstadt Jagd auf Menschen machen, die nicht ihrem Bild vom Deutschsein entsprechen. Die gejagten Menschen und ebenso die vielen fassungslosen Zeug*innen der Geschehnisse werden sich merken, wie sie behandelt wurden. Und wie wenig die dem eigenen Selbstverständnis zufolge bürgerlichen Parteien zum Schutz dieser Menschen unternehmen.

Der Satiriker Shahak Shapira brachte dieses Gefühl im Oktober 2019 in einem Late-Night-Wutanfall folgendermaßen auf den Punkt:

> Ich hab kein Bock mehr auf diese Scheiße. Wir diskutieren hier mit Menschen, die inakzeptable Dinge in einer Demokratie sagen. Und dadurch legitimieren wir ihre Position. Und das nervt mich so sehr. Das nervt mich so sehr, dass die Mitte von diesem Land sagt: Ja, wir müssen ihre Wut verstehen. Ja? Was ist mit der Wut von Migranten. Und von Ausländern? Was ist mit meiner Wut? Was ist mit der Wut von Menschen, die jeden Tag in diesem Land nur wegen ihrer Herkunft Scheiße fressen und sich trotzdem nicht radikalisieren. Wieso versteht niemand unsere Wut? Unsere Wut, wenn Antifaschismus zu einem Schimpfwort geworden ist in diesem fucking Land. […]

> Da haben Sie Recht, es gibt hier einen Volksverrat, es gibt einen Verrat in diesem Land, das stimmt. Aber der Verrat ist nicht an Ihnen. Der Verrat ist an uns. An Migranten und Ausländern und Schwulen und Frauen. Ihr verratet uns.[14]

Die Vielfalt ist die Basis, auf der diese Gesellschaft ruht, aus der sie ihre Stärke und Widerstandskraft gewinnt. Sie muss um jeden Preis verteidigt werden. Wer das nicht anerkennt, für den ist die Katastrophe von Thüringen 2020 nicht das Ende, sondern erst der Anfang. Es sollte klar sein, was in diesem Fall auf dem Spiel steht: die plurale Gesellschaft und damit die Zukunft der Demokratie. Für ihre Verteidigung braucht es ein Denken, das sich von der Vorstellung einer bürgerlichen Mitte verabschiedet. Davon sind wir derzeit leider viele Hufeisenwürfe weit entfernt. An den drastischen Maßnahmen zur Bekämpfung der Corona-Krise wurde einmal mehr klar, was meine Freund*innen und ich schon beim NSU, nach Chemnitz, Halle oder Hanau vermuteten: dass es zu keiner Zeit an den Mitteln fehlte, sondern am politischen Willen, in ähnlicher Weise rechten Terror zu bekämpfen.

An diesem mangelnden Willen hat das Selbstverständnis der selbsterklärten bürgerlichen Mitte erheblichen Anteil, weil es die deutschen Rechten stärker zur Gesellschaft zählt als diejenigen, die der rechte Terror bedroht. Man denke nur an all die nicht enden wollenden Versuche, sich mit Rechten zu unterhalten, anstatt sie als das zu bezeichnen, was sie sind: Die größte Bedrohung, die für die Demokratie gegenwärtig existiert. Denn Politik folgt keinen ästhetischen Gesetzen wie dem goldenen Schnitt – rechts und links lassen sich in ihr nicht gleich gewichten, schon gar nicht, seitdem von

Deutschland aus im Namen einer rechten völkischen Ideologie die halbe Welt in Schutt und Asche gelegt wurde.

Erinnern Sie sich noch an den Geometrieunterricht? Dann stellen Sie sich einmal statt eines Hufeisens ein rechtwinkliges Dreieck vor, an dessen Spitze die wankende bürgerliche Mitte steht. Die Seiten des Dreiecks sind zwar nach rechts und links gleich lang. Aber an der bürgerlichen Spitze entsteht immer, logisch – ein rechter Winkel. Und das ist doch ein schönes Bild, um die rechte Schlagseite der selbsterklärten bürgerlichen Mitte in der postnationalsozialistischen Gesellschaft zu beschreiben. Mir zumindest fällt gerade kein besseres ein.

# OSTDEUTSCHER ANTIFASCHISMUS, OSTDEUTSCHE REALITÄTEN

Als ich noch keine Bücher schrieb, saß ich häufig neben meiner Mutter und starrte so lange ich durfte in unseren nudelpackungsgroßen Farbfernseher. Das Röhren-Regelwerk war nicht eindeutig, meine Fernsehgrenze verlief irgendwo zwischen *Tagesschau* und Talkshow. Durch das Ratschen meiner Zahnbürste hörte ich manchmal noch, wie meine Mama kommentierte, wer da auf den geheimnisvollen runden Couchgarnituren zusammenkam: Wieder nur Schwanzträger! Wieder nur Wessis! Männer aus Westdeutschland hatten in den ersten Jahren nach der Wende die Podien des vereinigten Deutschlands für sich gepachtet. Gott sei Dank hat sich das seitdem geändert. Ironie off.

Seit der sogenannten Wiedervereinigung haben vor allem Menschen aus Westdeutschland bestimmt, auf welche Weise über welche Themen gesprochen wurde. Man kann das für jedes Feld durchspielen: Ob beim Aufeinandertreffen von West- und Ostjournalist*innen, von West- und Ostfeminist*innen oder von West- und Ostlinken, überall galten dieselben Spielregeln, bei denen die Erfahrungen und das Wissen der Menschen mit Ostbiografien nahezu nichts mehr wert waren. Als hätte ihr kulturelles und politisches Kapital gemeinsam mit der Ostmark die Konversion nicht überlebt. Ich finde diesen Vorgang kurios, immerhin war es die *ostdeutsche* Bevölkerung gewesen, die durch ihr Verhalten und ihren Protest ein politisches System hinweggefegt hatte, um ein besseres an seine Stelle zu setzen. Vergleichbares war den westdeutschen Linken in Jahren voller Sit-ins, sexueller Befreiung und Terror auf der anderen Seite der Mauer nicht gelungen. Stattdessen gab's den Marsch durch die Institutionen.

Nicht wenige dieser Achtundsechziger waren nun im besten Karrierealter und kamen nach dem Mauerfall gemeinsam mit ihren konservativen Kolleg*innen in das »Karriereparadies«[1] Ostdeutschland, wo sie die frei gewordenen Stellen in Universitäten, Presse und Kulturinstitutionen besetzten, die Betriebe abwickelten und bestimmten, wie es von nun an weitergehen sollte. Damit begann, was der vormalige DDR-Oppositionelle Klaus Wolfram 2019 prägnant als »›Selbstgespräch‹ des Westens über den Osten«[2] bezeichnete. Dieses westdeutsche und westeuropäische Selbstgespräch ist Teil der Diskriminierungserfahrung von Menschen mit Ostbiografien, es dauert bis in die Gegenwart an. Am Laufen halten es nicht nur Ignoranz oder Selbstbezüglichkeit, sondern auch eine mal mehr, mal weniger zur Schau getragene »Asymmetrie der Macht in Europa«[3] – denn das Ende des Kalten Krieges war ja nicht nur ein deutsches Phänomen.

In seiner Untersuchung *Die neue Ordnung auf dem alten Kontinent* verweist der Wiener Historiker Philipp Ther darauf, wie sich die Macht- und Gesprächsasymmetrie auch auf Ebene der großformatigen Einordnung von 1989 durch westdeutsche und westeuropäische Intellektuelle manifestierte. Bei Lektüre der westdeutschen Diskussionsbeiträger von Jürgen Habermas und Ralf Dahrendorf ebenso wie vom britischen Historiker Timothy Garton Ash oder dem französischen Historiker François Furet kommt er zu dem Schluss, dass beim damaligen Systemwechsel die »Frage, ob und was der Westen lernen oder übernehmen könnte, [...] gar nicht erst gestellt«[4] wurde. Darüber aber konnten die doch zumindest temporär siegreichen ostdeutschen und osteuropäischen Revolutionär*innen nur die Köpfe schütteln – erst verständnislos, dann mit zunehmender Verzweiflung, weil man ihnen nicht zuhören wollte, während sie in ihren Ländern schrittweise die Initiative verloren. Wer weiß, vielleicht hätten sie mit mehr Anerkennung und Unterstützung die Utopie der Jahre 1989 und 1990 länger erhalten können – und ungleich mehr der damaligen politischen und gesellschaftlichen Möglichkeiten in die folgenden Jahrzehnte zu retten vermocht. Wer weiß.

Für die folgende Betrachtung wende ich eine Technik an, die ich als »Umstülpen der Socke« bezeichne. Ich möchte mich nämlich mit der gegenwärtigen politischen Situation in den sogenannten neuen Bundesländern befassen, dazu wiederum mit dem Mauerfall selbst, dazu mit dem verordneten und realen Antifaschismus der DDR, dazu mit ihrer Gründung 1949, dazu mit der Aufteilung Deutschlands in vier Besatzungszonen, dazu mit der Kapitulation des sogenannten Dritten Reiches. Ich beginne direkt an der unteren Sockennaht. Nach dem 8. Mai 1945 standen die britische, französische, sowjetische und US-amerikanische Militärverwaltung vor dem gleichen Problem: Die zwölf Jahre voller Verfolgung und Vernichtung hatten ein politisch und ethnisch weitgehend gesäubertes Land hinterlassen. Die wenigen Überlebenden kehrten nach Kriegsende erschöpft, desillusioniert und traumatisiert aus der Emigration, den Konzentrationslagern oder ihren Verstecken zurück. Der überwiegende Teil der deutschen Bevölkerung aber hatte das nationalsozialistische System bis zum Tag der Kapitulation am 8. Mai 1945 unterstützt – in Ost- wie in Westdeutschland.

Keine besonders gute Ausgangssituation für die Einführung neuer politischer Ordnungen. Die Siegermächte und ihre Administrationen entschieden sich für unterschiedliche Umgangsweisen. Das Deutschland, das auf den von den Westalliierten besetzten Gebieten entstand und bald mit BRD abgekürzt wurde, wählte eine Strategie der Einbindung der Nationalsozialist*innen: Bereits Anfang der fünfziger Jahre verabschiedete die westdeutsche Regierung eine allgemeine Amnestie für ehemalige Nazis. Der neue Staat richtete sich die kommenden Jahrzehnte in einer biedermeierlichen, intellektuellen- und linkenfeindlichen Bürgerlichkeit ein, deren klaustrophobische Enge man etwa in den Filmen Rainer Werner Fassbinders erahnen kann. Ehemalige Verfolgte des NS-Regimes erlebten hier wenig Anerkennung oder gar herzliche Aufnahme, sondern wurden als Nestbeschmutzer*innen misstrauisch beäugt und in den fünfziger Jahren sogar aktiv aus dem Staatsdienst verdrängt.[5] Der Historiker Dominik Rigoll spricht in diesem Zusammenhang von einer »radikale[n] Inklusionspolitik der Adenauer-Ära«[6] im Sinne der Einbindung ehemaliger Nazis. Diese Politik sorgte zwar dafür, dass die antidemokratische Opposition relativ klein blieb, hatte aber auch eine ganze Reihe negativer Folgen für die Entwicklung der westdeutschen Demokratie. Rigoll vermerkt,

> dass sich die politischen Kräfteverhältnisse in den 1950er Jahren im Vergleich zu den 1945er Jahren extrem nach rechts verschoben. Besonders greifbar wird dies in den Bereichen innere und äußere Sicherheit, wo nun Dinge realisiert wurden, die zur Zeit der alliierten Militärbesatzung undenkbar waren, ja, die das alliierte Sicherheitsregime auf den Kopf stellten.[7]

So viel zur BRD. Jenes Deutschland, das auf den sowjetisch besetzten Gebieten entstand, wählte einen anderen Weg und demonstrierte damit zugleich, dass die westdeutsche Inklusionspolitik nicht alternativlos war. Stattdessen entschied sich die neue Führung der DDR, der Bevölkerung einen Antifaschismus zu verordnen, dem sich jede*r bei Androhung von Strafe unterzuordnen hatte. Diese Leitlinie kam nicht von ungefähr, denn die von der Sowjetunion eingesetzte Regierung bestand tatsächlich aus deutschen Kommunist*innen, die für ihren Kampf gegen die Nazis in vielen Fällen im Konzentrationslager oder in Gefängnishaft gewesen und aus dem Exil nach Deutschland zurückgekehrt waren. Die prägenden Funktionsträger*innen der frühen DDR waren also nach jeder gängigen Definition Antifaschist*innen. Und erklärten den Antifaschismus, für den sie gelitten und gekämpft hatten, zur unabdingbaren Grundlage ihrer neuen Deutschen Demokratischen Republik.

Ich finde das völlig nachvollziehbar. Und zwar unabhängig davon, dass die Sowjetunion vermutlich auch nichts anderes akzeptiert hätte. Tatsächlich ist ein Deutschland nach 1945 für mich nicht anders denkbar als antifaschistisch – was sollte es nach dem Nationalsozialismus auch sonst sein? Nun wurde und wird der ostdeutsche Antifaschismus allerdings gerade von jenen westdeutschen Männern, die in meiner Kindheit die Bildschirmröhren bewohnten, und ihren heutigen Nachfolger*innen häufig als reine Zwangsmaßnahme bezeichnet, die man nicht weiter ernst nehmen müsse – wenn die westdeutsche Diskussion in den über dreißig Jahren seit 1989 überhaupt jemals Überzeugungen thematisierte, die vom Antikommunismus der BRD abwichen. Aber die Wessis sind jetzt nicht dran, nun sitze einmal ich ein Kapitel lang auf der geheimnisvollen runden Studio-Couch. Und möchte vorschlagen, den Antifaschismus der DDR als eine Haltung ernst zu nehmen, die von der DDR-Führung und zumindest einem Teil der Bevölkerung glaubhaft vertreten wurde. Und ihn also als einen spezifischen, auf diese Weise zu keinem Zeitpunkt in der BRD vollzogenen Versuch des Umgangs mit dem Nationalsozialismus zu verstehen.

Erst wenn man den Antifaschismus als Versuch ernst nimmt, gelingt es nämlich, auch das Ausmaß seines Scheiterns zu ermessen. Dieses Scheitern begreift man vermutlich am besten, stülpt man die Socke ein gutes Stück in Richtung Gegenwart um und erzählt die DDR von ihrem Jenseits her – den neunziger Jahren. Autor*innen wie Manja Präkels[8], Daniel Schulz[9] oder Christian Bangel[10] haben mit ihren Büchern und Texten erst in den letzten Jahren einen Eindruck davon vermittelt, was es bedeutete, in den Jahren nach der Wiedervereinigung auf dem Gebiet der ehemaligen DDR aufzuwachsen. Vor den Augen der Leser*innen entfalteten sie das bedrückende Panorama einer überwältigenden Dominanz nazistischer Ideologie, Struktur und Gewalt besonders außerhalb der größeren ostdeutschen Städte. Ihre Erzählungen intervenierten in einem jahrzehntelangen Diskurs über die DDR und die Nachwendezeit, der vor allem von einem Außenblick geprägt gewesen war. Dass dieses neugezeichnete Bild kein Ergebnis literarischer oder individueller Imagination ist, zeigte auch der Hashtag #Baseballschlägerjahre, den Christian Bangel im Herbst 2019 ins Leben rief und der von vielen weiteren Menschen verwendet wurde, um über ihre Erfahrungen mit rechter Gewalt im Ostdeutschland der neunziger Jahre zu berichten.

Angesichts der Tatsache, dass die antifaschistische DDR

gerade erst zu Grabe getragen worden war, ist diese Allgegenwart nazistischer Gewalt äußerst erklärungsbedürftig. Wie kann es sein, dass ein beträchtlicher Teil der Bevölkerung der Ex-DDR sich nur kurze Zeit nach deren Ende kaum noch an den Antifaschismus zu erinnern schien? Zunächst richtet sich der Verdacht auf den Antifaschismus selbst als vermeintlich substanzlose Doktrin. Aber der blieb bis 1989 nicht nur politischer, sondern auch künstlerischer Bezugspunkt der Arbeiten von Jurek Becker bis Thomas Brasch, von Anna Seghers bis Heiner Müller. Der Antifaschismus war allem Anschein nach kein ausschließlich vom Staat verordnetes Thema, sondern entsprach der Überzeugung vieler auch jüdischer Künstler*innen und Intellektueller in der DDR.[11] Womit sich der Fokus der Frage verschiebt, denn nun muss man fragen, auf welche Weise der öffentliche Antifaschismus eigentlich in der Bevölkerung ankam – und wie die Kluft zwischen Staat, Kultur und Bevölkerung entstehen konnte. Und erst im Kontext dieser spezifischen Fragestellung geben die enthemmten, gewalttätigen und profaschistischen Baseballschlägerjahre eine Antwort, weil diese Realität in den neunziger Jahren ein Scheitern der antifaschistischen Erziehung der DDR bis 1989 nahelegt.

Zur genaueren Bestimmung dieses Scheiterns gehe ich von den neunziger Jahren aus einen Schritt zurück auf der Zeitnaht. Und stoße auf die Diskriminierungsrealitäten in der DDR, die in den letzten Jahren ebenfalls Gegenstand unterschiedlicher Publikationen und Erfahrungsberichte waren. So verweist die Filmemacherin und Autorin Angelika Nguyen vielfach darauf, dass Rassismus gegen vietnamesische Vertragsarbeiter*innen Normalität in der ostdeutschen Gesellschaft war.[12] Und in seinem Buch *Als Weltbürger zu Hause in*

*Sachsen*[13] beschreibt Hussein Jinah, wie er als Gaststudent aus Tansania in der DDR der achtziger Jahre Ausgrenzung und Gewalt erlebte. Beide Geschichten belegen außerdem eine Tatsache, die das wiedervereinigte Deutschland jahrzehntelang übersah und vermutlich auch übersehen wollte: nämlich, dass die DDR eine signifikante migrantische Bevölkerung hatte.

Diese ostdeutsche Migrationsrealität wird laut Noa K. Ha vom Zentrum für Integrationsstudien an der TU Dresden »noch viel zu wenig benannt und erzählt«[14], stattdessen herrsche die Vorstellung vor, Migration sei Teil der westdeutschen Gesellschaft gewesen, während die DDR bis 1989 weitgehend unter sich geblieben sei. Diese Annahme ist immer wieder Ausgangspunkt für die Behauptung, der ostdeutsche Rassismus ergebe sich aus einer Art Fremdeln mit der Migrationsgesellschaft, da es bis 2015 in Ostdeutschland nahezu keine Migration gegeben habe, was auch die AfD immer wieder gegen die Aufnahme von Flüchtlingen anführt. Diese Argumente basieren auf falschen Ansichten über die DDR und ihre Bevölkerung und machen es den Rechten leichter als nötig, ihre politischen Positionen zu begründen.

Damit weiter die Sockennaht entlang: Wie war das nun mit der antifaschistischen Einstellung in der Bevölkerung der DDR? Darüber machten sich zumindest viele ostdeutsche Juden und Jüdinnen zum Zeitpunkt des Mauerfalls keine Illusionen. Das wird in einem Statement des damaligen Präsidenten des Verbandes der Jüdischen Gemeinden in der DDR, Sigmund Rotstein, vom 9. November 1989 deutlich. Angesichts antisemitischer Schmierereien in Erfurt äußerte Rotstein der Zeitung *Neues Deutschland* zufolge, dass niemand über diese Vorfälle erschrocken sein solle, denn

[m]anches sei bisher verschwiegen, anderes bagatellisiert worden. Nicht selten sei die Öffentlichkeit aus falsch verstandener Scham ausgeklammert worden. Deshalb sei zu fragen, welche Ursachen diesen Erscheinungen zugrunde liegen, woraus Ermutigungen zu derartigen neonazistischen und rassistischen Handlungen erwachsen.[15]

Die Kritik Rotsteins am Verschweigen und Bagatellisieren von Neonazismus und Rassismus in der DDR entspricht den mittlerweile aufgearbeiteten historischen Fakten. Spätestens in den achtziger Jahren war unter Mitwissen der Sicherheitsbehörden eine aktive und gewaltbereite Neonaziszene entstanden. Auf Seiten der Stasi wusste man sich der »Schlagkraft« dieser neuen Gruppen zu bedienen, um die damals sehr aktive Punkszene zu bekämpfen und unliebsame Kritiker*innen einzuschüchtern. Das zeigt etwa der Angriff auf ein Konzert der Ostberliner Punkband Die Firma sowie Musiker der Westberliner Band Element of Crime in der Berliner Zionskirche im Oktober 1987, bei dem Mitarbeiter*innen der Stasi von ihrem Wagen aus zuschauten, wie rechte Skinheads die versammelten Punks verprügelten. Die dreißig Angreifer stürmten die Kirche unter so wenig antifaschistischen Ausrufen wie »Skinhead Power!«, »Juden raus aus deutschen Kirchen!«, »Ihr roten Schweine!« und »Sieg Heil!«.[16]

Aber auch über die Neonaziszene hinaus waren Antisemitismus und Rassismus in der späten DDR weiter verbreitet, als es das offizielle Selbstbild nahelegt. Aufgerüttelt durch die Ereignisse in der Zionskirche initiierte das Innenministerium der DDR Ende 1987 mit Genehmigung des Zentralkomitees der SED und der Abteilung Sicherheit ein geheimes Forschungsprojekt namens »AG Skinhead«. Mitarbeiter*innen der Kriminalpolizei und Wissenschaftler*innen von der Humboldt-Universität sollten gemeinsam herausfinden, wie groß das Rassismusproblem im Arbeiter-und-Bauern-Staat eigentlich wirklich war. Die Auswertung der verfügbaren Daten ergab etwa 6000 aktive Neonazis und allein für das Jahr 1988 bis zu 500 Straftaten aus diesem Milieu, inklusive Gewalttaten aus sogenannten ausländerfeindlichen Motiven – pro Monat.[17] Die 2017 erschienene Studie *Die braune Saat. Antisemitismus und Neonazismus in der DDR* des Historikers Harry Waibel kommt bei der Auswertung von etwa 2000 unveröffentlichten DDR-Archivmaterialien auf »etwa 9000 neonazistische, rassistische und antisemitische Propaganda- und Gewalttaten«.[18] Die Quellen waren in der DDR allesamt als »streng geheim« klassifiziert, offensichtlich war man sich der Brisanz des Themas bewusst. Dabei missfielen die Ergebnisse der »AG Skinhead« den Auftraggeber*innen so sehr, dass die Studie direkt im Giftschrank verschwand – und die für die Untersuchung zuständigen Beamten fortan von der Stasi überwacht wurden.[19]

Trotz dieser Befunde entwickelt sich die kritische Aufarbeitung von Nazikontinuitäten in der DDR und den sogenannten neuen Bundesländern nur zögerlich, was sicher auch an der beschriebenen Spannung zwischen antifaschistischem Selbstbild und nazistischer Realität liegt. Die weiterhin populäre Selbstwahrnehmung als antifaschistisch kann nämlich dazu beitragen, die Kritik von Antisemitismus und Rassismus auch in der Gegenwart abzuwehren – wenn in der DDR alle Menschen Antifaschist*innen waren, muss es sich bei einer Kritik an Diskriminierung und völkischem Denken um Belehrungen und Verzerrungen handeln. Mir wurde das besonders klar, als ich anlässlich der Feierlichkeiten zum dreißigjährigen Mauerfalljubiläum einer linken Zeitung ein Interview gab. In dem Gespräch formulierte ich folgende These: Wenn es stimmt, dass die Bevölkerung Ostdeutschlands wie jene Westdeutschlands bis 1945 mehrheitlich die Nazis unterstützt hatte, und wenn es ferner richtig ist, dass der staatlich verordnete Antifaschismus niemals wirklich von der Mehrheit der Bevölkerung verinnerlicht wurde, könnte es dann sein, dass der Antifaschismus die Funktion einer Entlastungserzählung für die nazistischen Teile der Bevölkerung Ostdeutschlands erfüllte? Und ist es dann bloßer Zufall, dass die DDR genau zu jenem Zeitpunkt endete, als eine neue Generation nach dem Ruder griff, die dieser Entlastung nicht mehr bedurfte?

Meine Lieblingsreaktion auf diese, zugegebenermaßen wissenschaftlich nicht abgesicherte These erreichte mich in Form einer Lesermail von einem Herrn, der direkt einen Scan seines Presseausweises mitschickte. Der schnauzbärtige Mittsechziger warf mir vor, ich hätte meine Erkenntnisse wohl aus den »bundesdeutschen Mainstreammedien« gewonnen und vermittelte darum ein Zerrbild von der DDR. Denn die DDR sei »ohne Wenn und Aber klar antifaschistisch« gewesen. Diese Reaktion ist ein Beispiel dafür, wie das antifaschistische Selbstbild die Realität überformen kann, denn der Journalist wiederholte hier zwar die offizielle Erzählung der DDR, argumentierte aber geradewegs an der entscheidenden Frage vorbei – der Spannung zwischen offiziellem Selbstbild und den realen Einstellungen der ostdeutschen Bevölkerung, über die beispielsweise Waibels Studie Auskunft gibt.

Bei der Diskussion um den ostdeutschen Antifaschismus und seine begrenzte Reichweite hilft es übrigens auch nicht weiter, mit dem Finger auf westdeutsche Nazikontinuitäten zu zeigen. Ich möchte nämlich gar nicht behaupten, das Problem völkischen und rassistischen Denkens sei ein ostdeutsches – sondern, dass das Problem sich für Ostdeutschland auf andere Weise darstellt als für Westdeutschland. Was eben mit den vier Jahrzehnten zu tun hat, in denen zwei unterschiedliche Länder einen unterschiedlichen Umgang mit dem deutschen Faschismus kultivierten. Auch Micha Brumlik, Mitherausgeber des Magazins *Jalta. Positionen zur Jüdischen Gegenwart* und der *Blätter für deutsche und internationale Politik*, befasst sich mit diesem Zusammenhang, wenn er nach der Geschichte des Antisemitismus in Ostdeutschland fragt. In seinem in Reaktion auf den antisemitischen Terroranschlag von Halle im Oktober 2019 verfassten Artikel »Ostdeutscher Antisemitismus: Wie braun war die DDR?«[20] sieht er eine Kontinuität am Werk, die von einer stillschweigenden Integration ehemaliger NSDAP-Mitglieder bis 1950 über eine bereits ab diesem Zeitpunkt aktive Neonaziszene bis zu den Morden des NSU und dem Angriff auf die Synagoge von Halle 2019 reicht. Das ist sicherlich richtig, nur würde ich Brumlik nicht in seinem Schluss folgen, dass die westdeutsche Situation schon allein deshalb besser war, weil mit 1968 eine Kritik der Inklusion ehemaliger Nazis in der BRD möglich wurde. Man kann verschiedene Dinge auf ihre jeweils eigene Weise scheiße finden. Angesichts der Nachkriegsgeschichte der beiden Deutschländer gelingt mir das ohne größeren Aufwand.

Wenn ich eine Deutschlandkarte auffalte, die Augen schließe und einen Dartpfeil darauf werfe, dann treffe ich mit nahezu hundertprozentiger Wahrscheinlichkeit einen Ort, der auf eine lange Tradition des Antisemitismus zurückschaut – und zwar nicht nur auf dem Gebiet der ehemaligen DDR.

Brumliks Hinweis, dass das Territorium der DDR auf eine tief verankerte Tradition des Antisemitismus zurückschaut, ist also eine notwendige, aber keine hinreichende Bedingung für die Beantwortung der Frage, warum diese Tradition heute eine derart intensive Gegenwart aufweist. Ich möchte seinen Ansatz darum gern und in herzlicher Verbundenheit weiterdenken: Die entscheidende Frage ist nicht, ob Ost- oder aber Westdeutschland brauner ist, sondern warum eine in beiden Teilen Deutschlands tief verankerte Tradition der Menschenfeindlichkeit an manchen Orten und zu manchen Zeiten aufbricht und zu anderen nicht. Das Potenzial ist gleich, was sich unterscheidet, ist die Funktionalität.

Und damit komme ich beim Sockenbund an, das heißt in der Gegenwart. Ich weiß nun, dass es auch in der DDR Kontinuitäten zum Nationalsozialismus gab, die aber unter dem Mantel eines repressiven, öffentlich inszenierten Antifaschismus nicht thematisiert wurden. Und dass dieser Mantel auch weiterhin von jenen getragen wird, die sich seit 1989 vielfach vom Westen belehrt, ökonomisch benachteiligt und missachtet fühlen. Ich schließe daraus, dass eine der größten Herausforderungen im Umgang mit der DDR und ihrem Nachleben darin besteht, eine Sprache für die Aktualität der menschenfeindlichen Traditionen in den ostdeutschen Bundesländern zu finden – und zwar nicht trotz, sondern wegen der gegenwärtig vornehmlich westdeutschen Tendenz, Antisemitismus und Rassismus als ausschließlich ostdeutsches Problem zu externalisieren. Das sind sie keineswegs. Aber das rechte Denken trifft im Osten auf eine andere politische und gesellschaftliche Konstellation und scheint dabei bestimmte Funktionen äußerst effektiv zu erfüllen. Die Zahlen sprechen hier eine deutliche Sprache: Die AfD sitzt 2020 mit über 20 Prozent in allen ostdeutschen Landtagen mit Ausnahme Berlins – während sie in Westdeutschland im Schnitt bei um die 10 Prozent liegt.

20 Prozent sind 20 Prozent – und wenn auch die Leitungskader der AfD in ganz Deutschland überwiegend aus der alten Bundesrepublik stammen, folge ich denjenigen Zeithistoriker*innen, die versuchen, die aktuelle Affinität des Ostens zu den neovölkischen Positionen dieser Partei nachzuvollziehen und ihre Wirksamkeit zu verstehen.[21] Dafür ist der Blick auf die Geschichte der DDR und ihr Ende unabdingbar: der Versuch vieler Menschen, ein antifaschistisches Deutschland zu gründen und das Scheitern ihrer Bemühungen, diese Vision der Mehrheit der Bevölkerung zu vermitteln. Die Diskriminierungsrealitäten in der DDR, aber auch die eingangs geschilderte Diskriminierung, die Menschen mit Ostbiografien seit 1990 erfuhren.[22] Letzteres begründet die Bereitschaft zur Fundamentalopposition, nicht aber ihren Inhalt. Warum eignet sich gerade völkisches Denken aktuell so gut zur Bearbeitung der Diskriminierungserfahrungen nichtmigrantischer Ostdeutscher? Lässt sich seine Aktualität vielleicht durch die produktive Seite dieses Denkens erklären, auf die ich weiter oben bereits verwiesen habe?

Welches Potenzial also bergen neovölkische und menschenfeindliche Modelle für eine Bewältigung der ostdeutschen Problemkonstellation? In Demokratien kommt dem Staatsvolk die Funktion des Souveräns zu, dieses wählt sich seine Repräsentant*innen, die für einen begrenzten Zeitraum weisungsungebunden Entscheidungen fällen dürfen. In diesem Sinne skandierten die Demonstrant*innen bei den ersten großen Montagsdemonstrationen 1989 »Wir sind das Volk!« –

und brachten damit gegenüber der SED-Führung ihren Anspruch zum Ausdruck, der Souverän zu sein, der über seine eigenen Repräsentant*innen entscheidet. Zugleich wurde aber schon bald sichtbar, dass der Volksbegriff auch diesmal eine ethnische Komponente hatte – und zwar in der wenig später erfolgten Modifizierung des Demospruchs zu »Wir sind *ein* Volk«. Den Demonstrierenden ging es bei diesem Satz um die Forderung einer Vereinigung der beiden Deutschländer, aber nach Jahrzehnten der Trennung entdeckte man auf beiden Seiten eben nicht nur das Staatsvolk, sondern auch die ethnische Gemeinschaft der Deutschen wieder.[23] Der sechsundsiebzigjährige SPD-Heilige Willy Brandt wurde zum ungewollten Stichwortgeber dieser ethnonationalen Perspektive, als er anlässlich des Mauerfalls 1989 mit Blick auf das nicht mehr länger geteilte Europa verkündete: Es wächst zusammen, was zusammengehört.[24]

Aber gerade das passierte trotz sogenannter Wiedervereinigung nicht. Die Autorin und Journalistin Jana Hensel hat die Situation der Ostdeutschen nach 1990 als Erfahrung der Heimatlosigkeit beschrieben[25] – und die AfD als eine Art nichtemanzipative Emanzipationsbewegung für Ostdeutschland.[26] Das lässt sich auch an den Wahlkampfslogans der AfD 2019 von »Wende 2.0« bis »Wende vollenden« mühelos nachvollziehen.[27] Folge ich Hensels Analyse, dann scheint sich das Gefühl der sogenannten Heimatlosigkeit in der Zeit nach dem Mauerfall zunehmend mit der Vorstellung ethnischer Einheit verbunden zu haben. Die für die AfD anknüpfungsfähige Erzählung ostdeutscher Heimatlosigkeit könnte in etwa so klingen: Wir Ostdeutschen sind keine Fremden, sondern auch Deutsche. Seit 1990 sind wir Teil von Deutschland – wir gehören aber nicht auf die gleiche Weise dazu wie ihr Westdeutschen. Nicht materiell. Und schon gar nicht, was die Anerkennung unserer Bildung, unserer Kultur, unserer Geschichte und unserer sozialen Konventionen angeht.

Die spezifisch ostdeutsche Konstellation nach 1989 ergibt sich dann zwischen den Glaubenssätzen: »Wir sind doch Antifaschisten«, »Wir sind das Volk« und »Wir sind keine Fremden hier in Deutschland«. Aus diesem identitären Dreieck schöpft sich die mal stillschweigende, mal alles andere zum Schweigen bringende Erwartung, in einem ungleich größeren Maß zu Deutschland zu gehören als heutige Geflüchtete oder Arbeitsmigrant*innen. Oder etwa die Generation sogenannter Gast- und Vertragsarbeiter*innen und ihre Kindeskinder. Oder als Afrodeutsche wie May Ayim oder Peggy Piesche, auf deren Perspektiven ich im nächsten Kapitel zu sprechen komme. Der völkische Charakter der Erwartung nichtmigrantischer Ostdeutscher, mehr zu Deutschland zu gehören als andere, lässt sich auch an einem Spruch nachvollziehen, den rechte Demonstrant*innen in den neunziger Jahren skandierten: »Deutschland den Deutschen, Ausländer raus«.

Bedenkt man, dass dieser Satz in den sogenannten neuen Bundesländern von manchen gerufen worden sein wird, die gerade noch für die eigene Selbstbestimmung demonstriert hatten, wird deutlich, wie sehr sich die einen nun auf Kosten der anderen zugehörig fühlten. Völkisches Denken war eben nicht nur über Jahrhunderte hinweg ein effektives Modell der deutschen Nationenbildung – sondern es dient gegenwärtig auch dazu, die Diskriminierungserfahrung besonders der nichtmigrantischen ostdeutschen Bevölkerung auf Kosten anderer Gruppen zu bewältigen. Völkisches Denken muss also nicht, aber es *kann* ein Rahmen sein, in dem eine Ausschlusserfahrung formuliert wird: Wir sind doch auch Deutsche. Oder, wie der über jeden Verdacht erhabene Ch. Links Verlag 2018 unglücklich titelte: *Integriert doch erst mal uns!*[28] Was ja nur ein halber Satz ist, dessen andere Hälfte lautet … und dann die anderen.

Im ethnisch-nationalen Rahmen können nichtmigrantische Deutsche eine bessere Behandlung erwarten als etwa Migrant*innen. Es ist dieses Potenzial des völkischen Denkens, das es so gefährlich macht: weil es eine passgenaue Antwort auf Formen vermeintlicher ostdeutscher Heimatlosigkeit zu geben vermag. Konsequenz einer Übernahme dieser Denkweise ist die Aufteilung in die einen Anderen, die mehr dazugehören, und die anderen Anderen, die sich hinten anstellen müssen und am Ende den Preis bezahlen. Dem Historiker Michael Wildt zufolge bildet genau diese Ambivalenz von Inklusion und Ausgrenzung den Kern des Volksgemeinschaftsdenkens.[29] Das kann tödliche Konsequenzen haben. Denn wen die Gesellschaft nicht zu den Ihren zählt, dem*der verweigert sie nicht bloß Job, Wohnung oder Pass, sondern dessen*deren Leben ist weniger geschützt. Eine Unterscheidung, die auch angesichts der umfassend beschworenen Solidarität zu Anfang der Corona-Krise noch einmal sichtbar wurde. Vergleichbare Appelle an die nationale Solidarität hat es in den neunziger Jahren, in denen primär jüdische, migrantische, linke, muslimische oder queere Menschen betroffen waren, niemals gegeben.

Will man die plurale Gesellschaft, in der wir leben, zur Grundlage politischen Denkens machen, so müssen Gleichberechtigung und Teilhabe für jede*n gleichermaßen gelten. Darum darf die Einsicht in das produktive Potenzial völkischen Denkens in Ostdeutschland auch nicht zur Förderung sozialer Integrationsprojekte für Nazis führen, sondern zu der von Antirassismus und Empowerment. In diese Richtung weisen auch die Ideen der Soziologin Naika Foroutan, die in Arbeiten und Interviews systematisch über die Ähnlichkeiten der Ausgrenzungserfahrungen von Migrant*innen und Ostdeutschen nachdenkt.[30] Die Direktorin des Berliner Instituts für empirische Integrations- und Migrationsforschung bietet damit eine Alternative zu dem Identifikationsangebot völkischer Solidarität. Und zielt so zugleich auf eine Veränderung des Nachdenkens über die Gesellschaft, in der wir heute leben. Darin trifft sich ihr Ansatz mit einer Einsicht, die ich aus der Geschichte des 20. Jahrhunderts ziehen würde: Es genügt nicht, mehr Zäune und Sicherheitskameras aufzustellen, damit sich Ereignisse wie die von Halle oder Hanau nicht wiederholen. Es bedarf nicht nur größerer gesellschaftlicher Sicherheit – sondern einer anderen Gesellschaft.

# DIE POLITISCHE SCHÖNHEIT DES 9. NOVEMBERS

In einem Interview, das 1989 kurz nach dem Mauerfall aufgenommen wurde, sagt die afrodeutsche Dichterin, Wissenschaftlerin und Intellektuelle May Ayim:

> Jetzt auf einmal werden Willkommensbotschaften gesandt. Und niemand spricht mehr davon, dass das Boot voll ist in Deutschland, ja, dass wir sowieso schon zu viele sind. Auf einmal ist Platz, aber nur für bestimmte Leute. Und in der gesamten Medienlandschaft waren auch die Bilder immer nur von weißen Deutschen. [...] Ich erinnere mich, dass ich an der U-Bahn stand. Der ganze Bahnsteig war voll mit Leuten. Und ein türkischer Mann sprach mich an und hat gesagt: Jetzt wird's schlimmer für uns.[1]

Der 9. November ist so häufig und von so vielen Seiten als »Schicksalstag der Deutschen« bezeichnet worden, dass man vom unangefochtenen Nummer-eins-Hit des deutschen Erinnerungskalenders sprechen kann. In dieser offiziellen Erzählung sind die Ausrufung der Republik 1918 und der Hitlerputsch 1923 bedeutungsvolle Vorboten, im Zentrum aber steht die Gegenüberstellung von ekstatischem Mauerfall und schrecklicher Pogromnacht. Am 9. November kulminieren damit das Schlechte und das Gute des 20. Jahrhunderts: 1938 die enthemmte antisemitische Gewalt, die die Vernichtung eines Teils der deutschen Gesellschaft ankündigte. Und 1989 die erst im Kontrast dazu so richtig friedlich und befreiend wirkende Revolution, die das Ende der zweiten deutschen

Diktatur DDR, den Anfang der Wiedervereinigung der beiden Deutschländer und den offiziellen Abschluss der deutschen Nachkriegszeit einläutete. Kapitel beendet, Buch zu, kreidebleicher Schwamm drüber.

Halt, stopp, nicht so voreilig. Nach dem Mauerfall 1989 äußerten Juden und Jüdinnen vielfach die Sorge, diese neue Erinnerungsmarkierung des 9. Novembers werde das deutsche Gedenken an die Pogromnacht verdrängen. Dreißig Jahre später lässt sich bilanzieren: Davon kann keine Rede sein. Stattdessen ist der 9. November zum Datum einer fröhlichen Achterbahnfahrt der Gefühle im 20. Jahrhundert geworden – die Pogromnacht 1938 und der Mauerfall 1989 markieren den Tief- und Höhepunkt der Stahlkonstruktion einer Geschichtserzählung, an deren Ende jede*r einen Fotostreifen bekommt, auf dem man das Gesicht der eigenen Familie im freien Fall betrachten kann. Inklusive diesem erleichterten Gefühl in der Bauchgegend, dass man es bis ans Ende der Fahrt geschafft hat. Der vormalige Fraktionsvorsitzende der SPD in der DDR, Richard Schröder, formulierte die geschichtsphilosophische Pointe des 9. Novembers so:

> Sowohl Individuen als auch Völkern, die schuldig geworden sind, kann danach etwas Gutes und Bewunderungswürdiges gelingen.[2]

Eine solche Deutung kann nur vornehmen, wer die Erinnerung an den Mauerfall auf der Bühne des deutschen Gedächtnistheaters betrachtet. Denn nur im Kontrast zum 9. November 1938 kann der Mauerfall zum Teil der Geschichte von der Wiedergutwerdung der Deutschen nach dem Holocaust werden, von der Schröder spricht. Um dieses alljährlich neuerlich geprobte Manöver erfolgreich zu absolvieren, muss freilich eine große Zahl anderer Perspektiven der Bühne verwiesen werden. Die Geschichte von Mauerfall und Vereinigung klingt nämlich etwa aus migrantischer, afrodeutscher oder jüdischer Perspektive aus West- wie Ostdeutschland völlig anders.

Für einen Eindruck, was ostdeutsche Juden und Jüdinnen über die Zeit um 1989 dachten, empfehle ich den Mitte der neunziger Jahre erschienenen aufschlussreichen Interviewband *Juden aus der DDR und die deutsche Wiedervereinigung* der New Yorker Soziologin Robin Ostow.[3] Die Stimmen schwanken zwischen Zukunftsoptimismus und der Sorge, was ein vereinigtes Deutschland besonders für Juden und Jüdinnen bedeuten könnte. Neben der Kritik an den vielfach als dominant erlebten westdeutschen jüdischen Gemeindestrukturen machen die Interviewten sich keine Illusionen über den weit verbreiteten Antisemitismus – in beiden Teilen Deutschlands. Hätte man ihnen zugehört, hätten einen die rechtsextremen Exzesse der neunziger Jahre nicht überraschen können. Denn mit dem Mauerfall war nichts beendet, schon gar nicht die deutsche Nachkriegsgeschichte, die ging einfach weiter.

Zur Perspektive von Women of Color ist 2019 eine Dokumentation von Diane Izabiliza mit dem Titel *»Die Mauer ist uns auf den Kopf gefallen«* erschienen.[4] Eine der Protagonist*innen dieses Films ist die 1968 geborene afrodeutsche und queere Aktivistin* Peggy Piesche, die 2020 mit *Labor 89* ein Buch herausgegeben hat, das die Porträts von acht Aktivistinnen* aus West- und Ostdeutschland und ihre Perspektiven auf die Einigung versammelt.[5] Piesche schreibt im Vorwort:

> Während in weißen ostdeutschen und westdeutschen Kontexten der Mauerfall zwar sehr unterschiedlich erinnert wird, aber als historisches Moment im Vordergrund steht, ist für Schwarze, People of Color, queer*-feministische und andere mehrfachdiskriminierte Aktivist*innen das Moment der zumeist gewaltvollen Entfremdung und Exklusion aus der Gesellschaft des Nachwendedeutschlands ausschlaggebend.[6]

Diese Beobachtung bestätigte sich, als meine Kolleg*innen und ich die sechste Ausgabe des *Jalta*-Magazins planten, die im Herbst 2019 unter dem Titel *Ver|un|einigung* erschien.[7] Mit dem Heft zur Geschichte und Gegenwart der deutschen Vereinigung versuchten wir genau diese ausgeblendeten Perspektiven sichtbar zu machen, wobei wir auch Westberliner und westdeutsche Positionen aufnahmen. Mauerfall und Nachwendezeit waren ja nicht nur ostdeutsche Phänomene und hatten eminente Auswirkungen auf die alte BRD. Die Gedichte May Ayims, deren Zitat dieses Kapitel einleitet, können davon berichten.

Die 1960 geborene und in Hamburg aufgewachsene Ayim beschreibt das Jahr 1989/90 als »Jahr der Schlüsselerlebnisse«.[8] Ein Schlüssel war dieses Jahr gerade auch für die von ihr mit initiierte Auseinandersetzung mit Rassismus und Kolonialismus, die sich auch in der 1986 von ihr gemeinsam mit Katharina Oguntoye und Dagmar Schultz herausgegebenen legendären Anthologie *Farbe bekennen. Afro-deutsche Frauen auf den Spuren ihrer Geschichte* manifestierte.[9] Die Vereinigung der beiden Deutschländer beschreibt Ayim als eine Rückkehr zu überwunden geglaubten ethnisch zentrierten Diskursen über Zugehörigkeit. Mit dieser Einschätzung war die Autorin wie gezeigt nicht alleine. Auch auf sprachlicher Ebene scheint mir das plausibel, überlege ich nur, was der Begriff »Wiedervereinigung« impliziert, nämlich die Vereinigung zweier getrennter Dinge, die zusammengehören. Wir sind ein Volk, das zusammenwächst, weil es zusammengehört – und alles, was nicht deutsch in diesem Sinne ist, gehört auch nicht dazu.

Die mit dem Begriff Wiedervereinigung markierte Vorstellung des gemeinsamen identitätsstiftenden Deutschseins wurde vonseiten etwa jüdischer, afrodeutscher, queerer und migrantischer Marginalisierter als Ausschluss und Bedrohung erlebt, gegen die sie sich zur Wehr setzten. Ich stelle mir vor, der türkische Mann, den May Ayim eingangs erwähnt, hat seine fotografische Verewigung auf dem eindrücklichen Umschlag des von Jan Motte und Rainer Ohliger 2004 veröffentlichten Sammelbandes *Geschichte und Gedächtnis in der Einwanderungsgesellschaft*[10] erhalten. Das Foto zeigt den Herausgebern zufolge einen Einwanderer, der im Jahr der Wiedervereinigung in Westberlin bei einer Demonstration ein Schild hochreckt[11], auf dem folgender Satz steht:

Wir sind auch das Volk.

In diesen fünf schlichten Worten spiegelt sich sowohl die Angst vor gesellschaftlichem Ausschluss als auch der Anspruch darauf, Teil der Gesellschaft zu sein. Dieser Anspruch auf Teilhabe wurde von marginalisierten Gruppen über Jahrzehnte hinweg formuliert. Einen künstlerischen Ausdruck findet die Forderung nicht nur in den Gedichten Ayims, sondern auch in den Texten des in Istanbul geborenen und seit 1969 in Berlin lebenden Schriftstellers Aras Ören, dessen Langgedichte erst kürzlich im Verbrecher Verlag wiederaufgelegt wurden.[12] In seinem kurzen Text »Dichter predigen in Schleswig-Holstein« von 1991 weist Ören aber auch mit großer Warmherzigkeit auf die Ähnlichkeiten der Diskriminierung von Ostdeutschen und Gastarbeiter*innen hin, deren Erfahrungen das Zentrum seines Schreibens bilden:

> Es ist, als würde ich die Klagen von hier aus hören, gegen die Abgase der Trabbis, die die Westberliner Straßen verstopfen, gegen die Großzügigkeit, die den Brüdern und Schwestern aus dem Osten entgegengebracht wird. Ich kann mir ein Lächeln nicht verkneifen: Wiederholt sich da nicht etwas? Damals gab es auch solche, die sich über den Gestank von Knoblauch und Hammelfleisch beklagten.[13]

Die unterschiedlichen Perspektiven auf Deutschland machen deutlich, dass der Mauerfall und die anschließende Vereinigung der beiden Länder beileibe nicht nur das erfolgreiche und versöhnliche Ende eines schrecklichen Jahrhunderts bedeuteten. Vielmehr markieren die Daten 1989/90 auch einen neu erwachenden Nationalismus, der sich in den folgenden Jahren in seiner ganzen ausschließenden Macht manifestierte. Dafür bediente sich die Gesellschaft eines umfangreichen und über Jahrhunderte gewachsenen Archivs der Gewalt – von Menschenverbrennungen bis zu Hetzjagden, vom Komaprügeln bis zu tödlichen Messerattacken. Und auch auf Seiten solcher neuerlich erwachter Deutscher waren Kunst und Kultur nicht nur Nebensache. Als der Autor Botho Strauß im Februar 1993 sein Manifest »Anschwellender Bocksgesang«[14] im *Spiegel* veröffentlichen durfte, markierte das den Auftakt für die Rückkehr der *selbstbewussten Nation*.[15] Ein

Blick in den gleichnamigen Sammelband von 1994 macht deutlich, dass die viel beschworene deutsche Kulturgeschichte nicht nur als positives Vorbild einer Demokratie, sondern auch als Reservoir diente, das mühelos auf Vorstellungen kultureller Dominanz und nationaler Größe hin angezapft werden konnte.

War die öffentliche Verherrlichung völkischen Denkens und Fühlens vor 1989 schwer vorstellbar, fand sie in den neunziger Jahren gleich doppelt in die Öffentlichkeit: mit der Selbstverständlichkeit des Demonstrationsspruches »Wir sind ein Volk« und mit der vergeistigten Sprache bürgerlicher Hochkultur wie bei Botho Strauß. Man muss sich vergegenwärtigen, was damals zeitgleich in Deutschland passierte: Allein im Jahr vor der Veröffentlichung von Strauß' nationalbewusstem Essay starben laut einer Aufstellung der Amadeu Antonio Stiftung in Deutschland 27 Menschen durch rechte Gewalt.[16] In die gleiche Zeit fallen die Pogrome von Rostock-Lichtenhagen vom 22. bis zum 26. August 1992 und Mölln am 23. November 1992 und auch die Ermordung des linken Aktivisten Silvio Meier, der am 21. November 1992 im Berliner U-Bahnhof Samariterstraße von Nazis erstochen wurde. Die Trauerfeier für Silvio auf den Stufen des U-Bahnhofs ist eine meiner ersten politischen Erinnerungen aus Berlin-Friedrichshain. Und keine*r weiß, wie hoch die Zahl an Beleidigungen, Drohungen und physischen Übergriffen ist, die ohne Todesfolge blieben.

Dieses Klima muss man sich vergegenwärtigen, um zu verstehen, was für einen Schlag es bedeutete, dass am 26. Mai 1993 das grundgesetzlich verbriefte uneingeschränkte Recht auf Asyl mit den geballten Stimmen von CDU, CSU, FDP und SPD abgeschafft wurde. Wer dabei an Fraktionszwang denkt, liegt falsch. Die SPD war damals in der Opposition und beteiligte sich aus freien Stücken an einer politischen Kampagne, die vor allem auf dem Rücken türkeistämmiger und vietnamesischer Deutscher stattfand und zugleich die Chancen für flüchtende oder migrierende Menschen bis in die Gegenwart hinein massiv verschlechterte. Das alles muss man sich klarmachen, um zu verstehen, woher die Skepsis kommt, mit der diskriminierte Menschen heute dem deutschen Staat begegnen. Dieser Staat ließ sie nicht nur einmal im Stich, als sie auf seinen Schutz angewiesen waren.

An den Ereignissen der frühen neunziger Jahre wird mehr als deutlich, dass die Erzählung vom 9. November 1989 als ausschließlich positives Ereignis von der Position der deutschen Dominanzkultur aus formuliert ist. Für das Narrativ von der Wiedergutwerdung der Deutschen kam das in den neunziger Jahren immer stärker zur Chiffre verdichtete doppelte Gedenkdatum wie gerufen, weil sich an ihm zweierlei zugleich erzählen lässt: die Pogromnacht als Initialmoment des moralischen Niedergangs, in dem sich Auschwitz bereits ankündigt – und der Mauerfall als Moment der Katharsis, mit dem das 20. Jahrhundert abgeschlossen wird. In einem solchen Gedenken der Dominanzkultur ist kein Platz etwa für die jüdische Migration aus der Sowjetunion, die das jüdische Leben in Deutschland auf ein neues Fundament stellte. Und ebenso wenig Platz ist für die Erzählung der rasant zunehmenden Bedrohung durch Rechtsextreme nach 1989, deren Wurzeln bis in die Zeit des Nationalsozialismus zurückreichen und deren Aktualität bis heute anhält.

Und so verstellt die emotionale Dramaturgie des 9. Novembers als Schicksalstag der Deutschen nicht nur den Blick für die Komplexität von Pogromnacht und Mauerfall, sondern auch für die Gegenwart. Für die Pogromnacht, weil das Gedenknarrativ unterschlägt, dass 1938 zwar für viele Menschen ein Tag der Katastrophe, für noch viel mehr Deutsche aber einer des gefühlten nationalen Erwachens war. Und für den Mauerfall 1989, weil die Erzählung der ungetrübten Freude die Perspektiven all derjenigen unterschlägt, »die noch einen anderen Namen für die frühen 1990er Jahre haben: Pogrom-Zeit, Gewalt-Zeit, Zeit der Brandanschläge und des Rassismus«[17]. Für sie endete die Nachkriegszeit nicht mit 1989, sondern setzte sich auf andere Weise fort – vom rechtsextremen Terror in den neunziger Jahren über die nationaltrunkene Weltmeisterschaft 2006 bis zum Einzug der AfD in den deutschen Bundestag 2017.

An wen also richtet sich die Inszenierung öffentlichen Gedenkens – und wer muss leider draußen bleiben? Eine Antwort darauf lässt sich nicht nur beim Nachdenken über offizielle Gedenkrituale, sondern auch bei der Betrachtung künstlerischer Interventionen finden. Einige der umstrittensten und aufsehenerregendsten Aktionen im Feld des Gedenkens stammen in letzter Zeit aus der künstlerischen Bombenwerkstatt des Zentrums für Politische Schönheit (ZPS). Das Kunstkollektiv wurde ab Ende der nuller Jahre rasant bekannt mit Arbeiten, die meist die deutsche Geschichte und die aktuelle politische Situation mit größtmöglichem Knalleffekt verbanden – von der vermeintlichen Beerdigung toter Geflüchteter vor dem deutschen Reichstag bis zur scheinbaren Verfütterung lebendiger Geflüchteter an gefräßige Löwen, vom Transport der Gedenkreuze für die Mauertoten an die EU-Außengrenze bis zur Errichtung eines Mahnmals vor Björn Höckes Privatwohnsitz.

Die Aktion, die mich im Folgenden beschäftigt, begann Anfang Dezember 2019 mit der Enthüllung einer vom ZPS so genannten »Widerstandssäule« auf dem Gelände der ehemaligen Kroll-Oper direkt neben dem Bundeskanzlerinnenamt. Nach dem Reichstagsbrand am 27. Februar 1933 hatte die Oper als Ausweichquartier für das Parlament der Weimarer Republik gedient, dort verkündeten die bürgerlichen Parteien am 24. März desselben Jahres auch das Ermächtigungsgesetz, das Hitler zum Diktator machte und das Schicksal der Weimarer Republik besiegelte. Mit der Wahl dieses Ortes wollte das ZPS besonders die CDU daran erinnern, nicht mit der AfD zu koalieren. Einerseits. Andererseits spielte das ZPS ein von anderen Aktionen bereits bekanntes Spiel der Uneindeutigkeit, indem es von Anfang an intensiv über den Inhalt der Widerstandssäule informierte: In dieser befänden sich Knochen- und Ascheproben von Holocaustopfern, welche die Aktionskünstler*innen in Osteuropa und Deutschland an den Orten ausgegraben hätten, an denen die Menschen umgebracht, verscharrt oder ihre Aschereste verstreut worden seien. Mit der Opfer-Asche in der Säule wolle man auf diese materiellen Spuren der Vernichtung aufmerksam machen.

Die sich an die Aktionen des ZPS anschließende Empörung über die Verletzung des öffentlichen Moralempfindens ist fest eingeplanter Bestandteil der Strategien des Kollektivs. Dabei wird ZPS-Chef Philipp Ruch nie müde, zu betonen, dass die jeweilige Kunstaktion *keine* politische Aktion sei – sondern Kunst! Weswegen sie auch nicht an politisch-moralischen Maßstäben gemessen werden könne. Ich halte das für einen guten und wichtigen Hinweis und möchte ihn darum gerne ernst nehmen, indem ich die Aktion rund um die Gedenksäule und ihre Aussage über den Umgang mit der deutschen Vergangenheit in der Gegenwart nicht nach politischen oder wissenschaftlichen, sondern nach künstlerischen Maßstäben beurteile. Was bedeutet, dass ich sie nicht nur am praktischen politischen Zweck messe, den sie verfolgt, sondern auch danach frage, ob die eingesetzten künstlerischen Mittel sich dazu eignen, die gesteckten Ziele auch zu erreichen. In diesem Sinne hat der Schauspieler und Kabarettist Karl Valentin einmal gesagt, Kunst komme von Können, nicht von Wollen, sonst hieße es ja Wunst.

Was also ist zur Umsetzung der Aktion zu sagen? Da wäre einmal die Stele selbst, deren Aschekern wohl den umstrittensten Aspekt der Auseinandersetzung darstellte. Inszeniert war sie wie ein Almhüttenofen von Manufactum, in der Mitte rot ausgeleuchtet, so dass man den Eindruck gewinnen konnte, man schaue in eine Lavalampe. Oder in einen Ofen. Was bestens zum glitzy Werbetrailer passte, mit dem die Aktion am 2. Dezember auch online gestartet wurde und in dem vom Holocaust als »Glutkern der Bundesrepublik Deutschland« die Rede war. Da bleibt eine Stele mit Krematoriumsbeleuchtung zwar voll im glühenden Sprachbild, rückt das Ganze aber nah an eine Bad Taste Party. Das alles könnte Teil eines jüdischen Witzes sein, wären wir in Israel. Sind wir aber nicht, im Gegenteil. Und darum lachte auch keiner über den Glutkern. Vielmehr schüttelten die einen den Kopf, während die anderen das ZPS abfeierten, als handelte es sich um den ganz großen emanzipatorischen Wurf gegen Union und AfD.

Das entsprach natürlich genau der Art und Weise, in der das ZPS seine Aktion verkaufen wollte – und das ist wörtlich gemeint. Denn ein essenzieller Teil der Kunstaktion bestand in einem von Anfang an mit Vehemenz kommunizierten Fundraising. Dieses sollte vermutlich selbst weiteren Gesprächsstoff liefern und nebenher die Mittel aufbringen, um dem eigentlich nur temporär genehmigten Denkmal durch einen soliden Betonsockel etwas Dauer zu verpassen. Gegen eine Spende fürs Fundament konnte man unterschiedliche Prämien kassieren. Es gab Bücher, Betonsäcke – und dann, für 50 Euro, einen Glaswürfel, in den etwas Erde eingeschlossen war. Gespielt wurde dabei natürlich mit dem Eindruck, es handle sich um eine weitere Probe der Überreste der Vernichteten, die in der Widerstandssäule eingeschlossen waren. Ob das stimmte oder nicht, ist nicht entscheidend, denn es ging ja um das Anstoßen der Debatte. Bloß erinnerte sich schon bald keine*r mehr an den Grund der Aktion – irgendwas mit CDU und AfD –, womit das Ganze schon arg gewunstet wirkte.

Die Diskussion bewegte sich stattdessen bald in eine ganz andere Richtung, die das ZPS beim Shitstorm-Campaigning-Planen so nicht kalkuliert zu haben schien – nämlich auf die Frage zu, ob die individuelle und gesellschaftliche Nachkomm*innenschaft zum Nationalsozialismus ernsthaft bedeute, dass man auch in der Gegenwart frei über die Opfer verfügen könne. Oder, anders gesagt: Wenn die Großeltern sie umgebracht haben, dürfen dann deutsche Politkünstler*innen auch ihre Reste verwenden? Womit wir den, nun ja, Glutkern der ZPS-Inszenierung erreicht haben. Diese hatte nämlich alles, was ein deutscher Gedächtnistheaterknüller in der Gegenwart so braucht: sehr gute Deutsche, sehr böse Deutsche und tote Juden.

Die Aktion des ZPS war von Deutschen für Deutsche geplant, arrangiert für die Klaviatur des dominanzkulturellen Trauma-Pianos. Es ist diese Orientierung, die die Aktion mit den öffentlichen Erinnerungsritualen um den 9. November verbindet. Denn das ZPS arbeitete zwar mit den Überresten mutmaßlich jüdischer Opfer, nahm aber von Anfang an keinerlei Bezug auf eine jüdische Perspektive. Das zeigte sich auch daran, dass die Aktionskünstler*innen scheinbar zu keinem Zeitpunkt eine religiöse Autorität zurate gezogen hatten, um herauszufinden, wie das mit der Totenruhe im Judentum eigentlich aussieht. Solche Ignoranz ist bezeichnend für eine Dominanzkultur, der es nicht einmal in den Sinn kommt, dass jenseits ihrer eigenen Perspektive noch so etwas wie echte Differenz existieren könnte, die sich nicht in das eigene Begriffsraster einpassen lässt. Offensichtlich ging das ZPS davon aus, dass seine Aktion nur die einkalkulierte Empörung anderer Deutscher auf sich ziehen würde – mit der Empörung von Juden und Jüdinnen rechneten die Künstler*innen nicht im Traum. Ihre Juden und Jüdinnen lagen ja als Asche in der Gegend herum.

Aber wir sind lebendig. Und solange das so ist, werden sich alle darauf einstellen müssen, dass nicht nur Deutsche entscheiden, ob es in Ordnung ist, zugunsten einer Kunstaktion auf die jüdische Totenruhe zu verzichten. Man wird uns mitdenken müssen. Da reicht es auch nicht aus, das Entsetzen des Auschwitzkomitees über die Aktion als Ausdruck mangelnden Kunstverständnisses abzutun. Was, nur nebenbei, vielleicht nicht ganz zufällig eben jener Argumentation entsprach, mit der auch die politische Kritik am Gomringer-Gedicht aus dem Weg geräumt werden sollte, was ich im Kapitel *Wehrhafte Poesie* ausführlich diskutiert habe. Auch im Falle des ZPS meine ich, dass der Verweis auf ein vermeintliches mangelndes Kunstverständnis der Kritiker*innen gar kein echtes Argument ist. Sondern bloß der Versuch, den eigenen Anspruch auf Definitionsmacht möglichst unangreifbar zu machen. Solche Ansprüche sollte man in Frage stellen, wo immer man kann: ob bei öffentlichen Gedenkritualen oder bei künstlerischen Interventionen.

Die Vorstellung unhinterfragbarer kultureller oder ethnischer Definitionsmacht hat ausgedient wie die Kadettenausbildung auf der *Gorch Fock*. Keine Integration. Keine Heimat. Keine Leitkultur. Kein Gedächtnistheater. Glücklicherweise werden die Alternativen dazu schon heute an vielen Orten gelebt und vorgedacht als verändertes Verständnis von Kunst, Politik und Gesellschaft. Für einen kurzen Moment flackerte eine Vision davon bereits im Zitat auf, das dieses Kapitel einleitete. Das »Jetzt wird's schlimmer für uns« des türkischen Mannes, den Ayim auf dem Bahnsteig traf, verweist auf die Möglichkeit eines Bündnisses der Diskriminierten über die Grenzen ihrer jeweiligen Diskriminierung hinweg. Dieses *uns* ist mehr als ein Pronomen und mehr als Skandal-Campaigning. Sprechen wir also über komplexe Intersektionalität, Lovers.

# KOMPLEXE INTERSEKTIONALITÄT

Es ist der erste Sonntag im April 2020, die *Tagesschau* ist ein Katastrophenfilm, schrecklicher als der *Tatort*, der im Anschluss läuft. Nach Wochen des Corona-Lockdowns häufen sich die apokalyptischen Wirtschaftsprognosen, ungarischen Ermächtigungsparagraphen und überforderten Reaktionen der neoliberal runtergewirtschafteten Staaten. Ich schließe meine Augen und frage mich, ob es jemals wieder so werden wird, wie es war. Bei Umfragen liegt die AfD bundesweit bei zehn Prozent. Ich ignoriere das und erinnere mich erst am kommenden Tag daran. Moooment, AfD bei unter zehn Prozent? Verstehe einer noch mal dieses Land, oder: Ist die Partei etwa doch nicht systemrelevant?

Notiz an mich selbst: Auch unter Isolation sollte man die Vergangenheit nicht besser machen, als sie gewesen ist. Keine Nostalgie, niemals. Früher war nicht alles besser, gleichgültig, wie ungewiss die Zukunft ist und wie stark die Gegenwart in ihr Taschentuch hustet. Denn früher, da legte ein Bundeskanzler zusammen mit einem US-Präsidenten Blumen an Gräbern von Mitgliedern der Waffen-SS und Wehrmacht in Bitburg nieder. Das war 1985. Früher, da war die Vergewaltigung in der Ehe noch nicht strafbar. Bis 1997 ging das. Früher konnten Schwule und Lesben nicht heiraten. Bis 2017 war das verboten, also gerade eben noch.

Es ist richtig, dass die AfD eine Bedrohung darstellt, aber im Zerrspiegel ihrer Wut gegen »Genderwahn« und »Gutmenschentum« lassen sich auch die Errungenschaften wiederfinden, die wir gegen völkische, homophobe und sexistische Traditionen über viele Jahre hinweg erfolgreich durchgesetzt haben. Das ist wichtig, denn es bedeutet: Die Streiter*innen für die Gleichheit aller Menschen haben in den letzten Jahrzehnten nicht immer nur verloren, im Gegenteil.

Viel von diesem Erreichten haben wir mit Strategien erkämpft, die häufig unter dem Begriff »Identitätspolitik« zusammengefasst und bisweilen heftig kritisiert werden. Dabei fällt häufig hinten runter, dass *Identity Politics* ursprünglich eine konkrete emanzipative Praxis bezeichnete. Das erste Mal taucht der Begriff nämlich 1977 in einem Statement des Combahee River Collective auf, einer Politgruppe Schwarzer marxistischer Feministinnen in den USA, die nach konkreten Ansatzpunkten gegen die Unterdrückung suchten, die sie erlebten.[1] In ihrem Text steht folgender wichtiger Satz:

> Wir sind nicht davon überzeugt, dass eine sozialistische Revolution, die nicht gleichzeitig auch eine feministische und antirassistische Revolution ist, unsere Befreiung garantieren wird.[2]

Nun wurden Ungerechtigkeit und Unterdrückung spätestens seit der Französischen Revolution immer wieder und auf unterschiedlichste Weisen kritisiert und bekämpft. Aber die organisierte Linke der westlichen Staaten teilte politische Kämpfe noch in den siebziger Jahren weitgehend in Haupt- und Nebenwidersprüche ein – wobei die Überwindung ökonomischer Ungleichheiten als primär und die Bearbeitung von Sexismus oder Rassismus als sekundär galt. Die Mitglieder des Combahee River Collective hatten die Dethematisierung von Sexismus in antirassistischen Kontexten erlebt – und die Dethematisierung von Rassismus wiederum in einer feministischen Bewegung, die von weißen Frauen aus der Mittelschicht dominiert wurde. In ihrem Statement heißt es entsprechend:

> Unsere Erfahrungen und Enttäuschungen mit diesen [antirassistischen] Befreiungsbewegungen und mit einer weißen, männlichen Linken lehrten uns die Notwendigkeit einer Politik, die antirassistisch war, was weiße Frauen nicht interessierte, und die zugleich antisexistisch war, was wiederum Schwarze und weiße Männer nicht betraf.[3]

Das Konzept der Identity Politics war von diesem Anfang an ein Versuch, der Komplexität von Diskriminierung gerecht zu werden. Leitend war die Vision der Befreiung und Gleichheit *aller* Menschen, die die Philosophin Isolde Charim pointiert in dem Satz zusammenfasst: »Identitätspolitik *ist* Teil der sozialen Frage.«[4] Es ist hochgradig umstritten, ob der seit den siebziger Jahren zunehmende Einfluss dieser Perspektive zu einer Stärkung linker Politiken führte oder zu deren Schwächung. Ich bin der Meinung, dass man unabhängig von der Antwort zwei Dinge anerkennen sollte: Das Bewusstsein für die Komplexität gesellschaftlicher Diskriminierungsstrukturen markierte einen Fortschritt im Nachdenken über Ungleichheit, weil es die Vielschichtigkeit von Diskriminierung besser abbilden konnte. Und bestimmten diskriminierten Gruppen gelang es unter Rückgriff auf Identity Politics, maßgebliche Verbesserungen ihrer Situationen zu erkämpfen – von Frauenrechten über die Homoehe bis zum Allgemeinen Gleichbehandlungsgesetz. Dass zur gleichen Zeit etwa die Wucht der Gewerkschaften im Arbeitskampf abnahm, ist nicht unbedingt ein Beweis für die zersetzende Wirkung von

Identity Politics – sondern Identity Politics könnten im Gegenteil auch das Resultat einer vielfach unter Beweis gestellten Unfähigkeit linker Politik sein, die vielfältigen und unterschiedlichen konkreten Diskriminierungserfahrungen gesellschaftlicher Gruppen zu thematisieren.

Will man beispielsweise die Geschichte der Arbeitskämpfe in der mittelalten Bundesrepublik nicht nur als Bilanz der Lohnabschlüsse, sondern auch als Geschichte von Inklusion und Exklusion erzählen, lohnt sich der Blick auf Neuss am Rhein im Jahr 1973. Dort protestierten in wildem Streik die zu 70 Prozent migrantischen weiblichen Beschäftigten des Autozulieferers Pierburg gegen ihre Ungleichbezahlung als Frauen und als Migrantinnen.[5] Wild war dieser Streik, weil die IG-Metall und die Betriebsräte ihn wie viele weitere mehrheitlich von (Post)Migrant*innen organisierte Arbeitsniederlegungen in insgesamt 335 Betrieben im selben Jahr nicht unterstützten, die ihren Anfang in den Kölner Ford-Werken genommen hatten. Den streikenden Frauen von Neuss gelang es aber, ihre deutschen Kolleg*innen in den Arbeitskampf einzubeziehen, so dass sie ihn nach einer Woche erfolgreich beenden konnten.

Es spricht einiges dafür, einen solchen Erfolg in den Rahmen der Identity Politics einzuordnen, denn die migrantischen Arbeiter*innen mussten erst ihre besondere Situation zwischen sexistischer, rassistischer und klassistischer Diskriminierung erkennen, bevor sie ein Bündnis mit anderen Arbeiter*innen bilden konnten. Entsprechend notiert der Historiker Peter Birke in seinem Buch *Wilde Streiks im Wirtschaftswunder*, dass Neuss auch darum erfolgreich war, weil »die geschlechtsspezifische Ungleichheit Ansatzpunkte für eine Solidarisierung von deutschen und migrantischen Frauen bot«.[6] Leider aber blieb der Erfolg ein einsames Beispiel, auch in den kommenden Jahrzehnten verhinderten rassistisches Denken und die damit einhergehende mangelnde Aufmerksamkeit von Gewerkschaften und linken Parteien gemeinsame Arbeitskämpfe von (Post)Migrant*innen und deutschen Belegschaften.

Daran hat sich bis heute wenig geändert. Linke Politik scheint sich auch zu Anfang der zwanziger Jahre des 21. Jahrhunderts vor allem an nichtmigrantische Deutsche zu richten. Dabei entsteht der Eindruck – und Eindrücke sind ein wesentlicher Aspekt von Politik –, dass ein nicht unerheblicher Teil etwa der Gewerkschaften, der Partei Die Linke oder der SPD marginalisierte (Post)Migrant*innen auch weiterhin nicht als Teil seiner Klientel betrachtet. Dafür ist mehr als symptomatisch, dass ein Teil der Linken angesichts der Flüchtlingssituation 2015 die Bewegung *Aufstehen* gründete, die eine Spaltung von deutscher und nichtdeutscher Arbeiter*innenschaft betrieb und mit dumpfen Parolen wie Sahra Wagenknechts »Wir sind keine Flüchtlingshelfer-Partei, sondern eine Fluchtverhinderungspartei« die Unfähigkeit unter Beweis stellte, Rassismuskritik und Klassenkritik zusammenzudenken.[7]

Die Fixierung auf den »deutschen Arbeiter« ist schmerzhaft für alle, die diesen traditionsreichen Archetypus in der postmigrantischen Gesellschaft weder im Bekanntenkreis noch in den Werkshallen finden können. Und ein Schlag ins Gesicht für jenes gute Viertel der deutschen Bevölkerung, dem ein »Migrationshintergrund« bescheinigt wird. Und auch, weil das Eingeständnis dieser eigenen nationalen Fixierung so weh tut, wundert es wenig, dass man auf Seiten der organisierten Linken lieber die doppelt und dreifach Marginalisierten für die mangelnde Schlagkraft linker Politiken verantwortlich macht, als die eigenen theoretischen, politischen und persönlichen Unzulänglichkeiten zu reflektieren. Doch wenn einer der Köpfe hinter *Aufstehen*, der Autor und Dramaturg Bernd Stegemann, vor einer »Hypermoral« warnt und vor allem damit beschäftigt ist, gegen die angeblich nur die jeweils eigene Gruppe in den Fokus rückenden Identity Politics zu Felde zu ziehen, werden Ursache und Wirkung vertauscht[8] – erst nämlich kommt die mangelnde Vertretung durch Gewerkschaft, Linke und Sozialdemokratie, dann die Reflexion der eigenen Diskriminierungserfahrung. Beim Combahee River Collective war das auch nicht anders.

Diese Bewusstwerdung der eigenen Diskriminierungserfahrung äußerte sich über die Jahrzehnte hinweg auch in neuen Formen künstlerisch-politischer Intervention, in Deutschland etwa von Bühnenbesetzungen über Kanak Attak bis zum jungen postmigrantischen Theater am Ballhaus Naunynstraße. Diese Initiativen zeichnete aus, dass sie Grundfragen der Gesellschaft mit künstlerischen Strategien bearbeiteten, *ohne* dabei auf etablierte politische Institutionen zurückzugreifen. Auf Grundlage der eigenen Diskriminierungserfahrungen entwickelten sie neue Perspektiven für eine Gesellschaft, in der alle Menschen gleichermaßen repräsentiert sein sollten: Wie kann kanakische Selbstbestimmung aussehen? Welche neuen und alten Geschichten müssten dazu erzählt werden? Wie lässt sich ein postmigrantischer Antifaschismus für eine Gesellschaft der radikalen Vielfalt denken? Wie kann diese radikale Vielfalt nicht nur gelebt, sondern auch in politische Modelle übertragen werden?

Der Begriff *radikale Vielfalt* stammt übrigens aus dem von Leah Carola Czollek, Gudrun Perko und Heike Weinbach entwickelten Ansatz »Social Justice und Radical Diversity«, an dem ich mittlerweile auch beteiligt bin. Er zielt auf eine Perspektive, bei der die Diskriminierungsrealitäten und Widerstandspraxen einzelner Gruppen im Fokus stehen.[9] Damit unterscheidet sich diese Vorstellung von einem Modell der *Managing Diversity*, das vor allem auf die Verwertung von Vielfalt im Produktionsprozess zielt. Stattdessen richtet sich die Aufmerksamkeit auf politische und künstlerische Handlungen im Sinne einer Gesellschaft, die weniger diskriminierend sein soll als die gegenwärtige. In diesem Zusammenhang nehmen identitätspolitische Strategien einen zentralen Platz ein, denn von ihnen gingen in den vergangenen Jahrzehnten einige der wichtigsten Impulse für eine gerechtere Gesellschaft aus.

Selbstverständlich produzieren die Identity Politics wie jeder andere politische Ansatz auch spezifische Unzulänglichkeiten. Zur Illustration fällt mir eine Veranstaltung aus Vor-Corona-Zeiten ein, die ein guter Freund von mir organisiert hatte. Die Sache fand zwischen Treptow und Kreuzberg in einer spärlich beleuchteten Berliner Fabrikhalle statt. In der Mitte des Raumes stand ein großer mit Weinflaschen geschmückter Tisch, um ihn waren rot gepolsterte Sessel aufgestellt. Die im Stil eines platonischen Symposiums gehaltene Diskussion sollte sich mit der Frage nach »Zugehörigkeit« befassen. Ich war zu spät gekommen, lehnte im Schatten an der Seitenwand der Fabrikhalle und nippte an meinem Getränk. Zum Auftakt der Veranstaltung wollte mein Freund wissen, zu welcher *Gruppe* sich die Gäste zählten. Alle antworteten reihum, und zwar mit Kategorien wie: Queers, Juden und Jüdinnen, Unterschicht, Migrant*innen etc. Ich hörte zu – und staunte, als sich am Ende alle einer diskriminierten Gruppe zugeordnet hatten.

Nach Beendigung der Vorstellungsrunde hatte ich den Eindruck, dass Wesentliches ungesagt geblieben war. Denn die Zuordnung zu einer diskriminierten Gruppe war unter Auslassung jener Aspekte erfolgt, bei denen die Teilnehmenden nicht diskriminiert waren und also über Privilegien und damit Handlungsmacht verfügten. So gehörten alle, die sich an jenem Fabrikabend legal in Berlin befanden, zur Gruppe derjenigen, die sich frei durch diese Stadt bewegen können. Was doch eine gute Sache ist, die es uns beispielsweise ermöglicht, relativ gefahrenfrei zu Demonstrationen zu gehen und dort dafür einzutreten, dass alle das Recht haben sollten, sich in Berlin aufzuhalten, ohne von der Polizei verhaftet zu werden oder Angst davor zu haben, bei Krankheit zum Arzt zu gehen.

Eine identitätspolitische Fixierung auf die eigenen Diskriminierungserfahrungen kann den Blick auf die Handlungsmacht verstellen, die jede*r hat. Die Möglichkeiten, aktiv zu werden, können sich auf »unseresgleichen« beziehen, dann handelt es sich um eine spezifische Form der begrenzten Solidarität. Ich habe bereits beschrieben, wie derartige Konstruktionen einer Wir-Gruppe auch im Kontext der Corona-Pandemie problematisch sind, weil die Beschwörung von Zusammenhalt einen Ausschluss derjenigen bedeutet, die nicht dazugehören. Das muss aber nicht zwingend so sein. Handlungsmacht kann auch bedeuten, dass man die eigenen Ressourcen für die Rechte anderer einsetzt, gerade weil diese anderen diskriminiert sind. Für diese andere Form der gesellschaftlichen Verbindung existiert das Konzept des *Verbündet-Seins*, das eine Grundlage unserer Arbeit im *Institut für Social Justice und Radical Diversity* bildet.[10]

Wir definieren Verbündet-Sein als Art der »politischen Freundschaft, bei der die Anliegen der Anderen zu den je eigenen Anliegen werden«.[11] Eine solche Form des Verbündet-Seins setzt eine Bewusstwerdung der eigenen Privilegien sowie das Wissen um Diskriminierungsformen voraus[12]. Das bedeutet eine Verabschiedung von der Vorstellung, man sei nur darum gegen Antisemitismus, weil man Jude oder Jüdin ist, gegen Sexismus, weil man Frau ist, gegen Ableismus, weil man behindert wird, und so weiter. Verbündete sind nicht gegen Diskriminierung, weil diese sie persönlich trifft. Sie sind gegen Diskriminierung, weil Diskriminierung für sie nicht hinnehmbar ist.

Im Sinne des Verbündet-Seins wird das individuelle Bewusstsein über die jeweilige Diskriminierung außerdem ausgeweitet auf das Bewusstsein der eigenen Privilegierung. Das meine ich so allgemein, wie ich es schreibe. Menschen haben *immer* Ressourcen, die sie einsetzen können, um Verbündete zu sein. Und wenn es die Intervention bei einem rassistischen Übergriff in der U-Bahn, der Widerspruch gegen einen sexistischen Kommentar von Freund*innen oder die Kritik am fehlenden Blinden-Leitsystem in der Arbeitsstelle oder der Agentur für Arbeit ist. Diese Perspektive des Verbündet-Seins kann dabei helfen, die eben beschriebene Gefahr der Vereinseitigung und Vereinzelung der Identity Politics zu überwinden. Denn das Bewusstsein um die eigenen Privilegien erweitert die Analyse der Diskriminierung um die Analyse der eigenen Handlungsspielräume – und damit um Möglichkeiten, die Gesellschaft aktiv zu gestalten.

Diese Erweiterung lässt sich gut anhand eines Modells erfassen, das nahezu zeitgleich mit den Identity Politics eingeführt wurde und seitdem unerlässlicher Bestandteil der Analyse von Diskriminierung geworden ist: der Intersektionalität. Dieses Konzept, das 2019 seinen dreißigsten Geburtstag feierte, stammt von der US-amerikanischen Juristin Kimberlé Williams Crenshaw.[13] Die Professorin an der University of California und der Columbia University führte den Begriff 1989 ein, um ein präziseres Modell zur Erfassung von institutionellem Rassismus bei diskriminierenden Einstellungspraktiken oder Gesetzgebungen zu entwickeln. Während ihrer langjährigen Beschäftigung mit dem Thema hatte Crenshaw herausgearbeitet, dass Menschen, die sich an der Schnittstelle unterschiedlicher Diskriminierungsformen befanden, durch das damals gängige Raster der Rechtsprechung fielen. Eines ihrer Beispiele dafür war der systematische Ausschluss Schwarzer Frauen bei der Einstellungspolitik des US-amerikanischen Autobauers General Motors. Ihre Diskriminierung ließ sich in rechtlichen Begriffen weder als Ausschluss von Frauen noch als Ausschluss von Schwarzen beschreiben, denn beides traf nicht zu: sowohl Schwarze (Männer) als auch (weiße) Frauen wurden von General Motors eingestellt.

Crenshaws Schlussfolgerung lautete, dass man die Situation Schwarzer Frauen weder allein als Rassismus noch als Konsequenz von Sexismus, sondern als Verschränkung beider Diskriminierungen beschreiben musste: in ihrer Intersektionalität. Diese Perspektive wird seit Jahrzehnten auch auf die deutsche Gegenwart angewandt, denn selbstverständlich sind auch hierzulande Menschen vielfach positioniert. Keine*r ist nur eine Sache, und jede (Selbst)Verortung als jüdisch, muslimisch, weiblich, schwul, beeinträchtigt, aber ebenso als deutsch, weiß, männlich, hetero, cis ist bereits Ergebnis gesellschaftlicher Verortung. Im Sinne des Social-Justice-Konzeptes möchte ich Crenshaws Konzept der Intersektionalität also erweitern, und zwar so, dass man damit die *Gleichzeitigkeit* von Privilegierung und Diskriminierung denken kann. Ein solches Verständnis *komplexer Intersektionalität*[14] ermöglicht nicht nur eine Aufmerksamkeit für die Diskriminierung, von der Menschen getroffen werden. Sondern auch für die Punkte, an denen sie an Veränderung teilhaben können.

Ein Beispiel: Während ein großer Teil der Gesellschaft gerade versucht, seinen Verdienstausfall, seine Einsamkeit, die Angst ums schiere Überleben oder seine wuseligen Kinder unter Kontrolle zu bekommen, habe ich die Möglichkeit, mich diesem Buchprojekt hier zu widmen. Komplexe Intersektionalität bedeutet, dass ich mein Privileg als Möglichkeit sehe, die verfügbaren Ressourcen Zeit, Buch und Laptop für einen politischen Essay einzusetzen. Auch wenn er am Ende vermutlich wenig ändern wird an der Welt, wie sie ist, aber das steht auf einem anderen Blatt.

Am 13. Oktober 2018 fand in Berlin eine der »größten Demos in der deutschen Nachkriegsgeschichte«[15] statt, ihr Motto: »Für eine offene und freie Gesellschaft – Solidarität statt Ausgrenzung«. Dem Aufruf der Initiative *unteilbar* folgte knapp eine Viertelmillion Menschen, auch als Antwort auf die rassistischen Übergriffe in Chemnitz und Köthen in den Wochen zuvor. Das Konzept der komplexen Intersektionalität würde einen solchen Erfolg so erklären: Bei der Berliner Demonstration fanden sich Menschen zu einem Bündnis zusammen, nicht weil sie alle eine Diskriminierung teilten, sondern weil sie eine bessere Gesellschaft wollten. Mit den Worten Gudrun Perkos in ihrem Buch *Social Justice und Radical Diversity* führte sie also nicht die geteilte Position, sondern das gemeinsame Interesse daran zusammen, »bestehende

Gesellschaftsverhältnisse, die dem nicht mehr gerecht werden, wie wir leben wollen, gemeinsam zu verändern«.[16] Die Idee, dass eine solche diskriminierungsärmere Gesellschaft im Sinne aller ist, kann durch das Bewusstsein verstärkt werden, dass unsere individuellen Positionen in der Gesellschaft stets zwischen Handlungsmacht und Verletzbarkeit pendeln. Wir waren alle mal Kinder, und wir werden vielleicht alle einmal krank und alt sein. Vielleicht sind auch Sie etwas davon, während Sie das hier lesen.

Der Punkt solcher Einsicht in die eigene Verletzbarkeit ist gerade nicht, dass man möglichst früh erwachsen oder möglichst spät alt werden sollte. Sondern, dass in einer anderen Gesellschaft als der jetzigen Alter oder Krankheit nicht mehr zum Ausschluss führen. Auf das Entstehen einer solchen anderen Gesellschaft kann jede*r Einzelne aktiv Einfluss nehmen, auch und gerade, wenn er*sie Privilegien besitzt. Als Mann etwa liegt es auch in meiner Macht, etwas gegen Sexismus und Ethnosexismus[17] zu tun – und zwar unabhängig davon, auf wie vielen Ebenen ich selbst sonst diskriminiert werde. Als christlich sozialisierte Frau liegt es auch in meiner Macht, mich für Religionsfreiheit einzusetzen – und zwar unabhängig davon, auf wie vielen Ebenen ich selbst sonst diskriminiert werde. Als Mensch ohne körperliche Beeinträchtigung liegt es auch in meiner Macht, mich dafür einzusetzen, dass Orte barrierefrei zugänglich sind – und zwar unabhängig davon, auf wie vielen Ebenen ich selbst sonst diskriminiert werde.

Wenn es uns wirklich darum geht, dass die Gesellschaft eine andere und gerechtere wird, sollten wir im Sinne des Verbündet-Seins damit anfangen, Menschen nach ihren Zielen und nicht nur ihren Positionen einzuordnen. Die entscheidende Frage ist darum nicht, welche Rollen Menschen in einer Gesellschaft einnehmen oder welche Positionen ihnen zugewiesen werden. Sondern, wie eine Gesellschaft aussehen könnte, die weniger diskriminierend und weniger gewaltvoll ist als die gegenwärtige. Entscheidend ist, wer dabei mitmachen möchte. Allerdings reichen verbale Absichtserklärungen dafür nicht aus. Initiierst du beispielsweise ein Holocaust-Mahnmal in Berlin, klingt das erstmal gut. Bringst du dann jedoch als oberste deutsche Mahnmal-Initiatorin einen Zahn mit, den du in einem KZ gefunden hast, und willst ihn partout und trotz unzähliger jüdischer Proteste im Mahnmal versenken, dann bist du vielleicht keine echte Verbündete.

Solche Konflikte sind meistens gar nicht so kompliziert, wie sie zunächst scheinen mögen. Die Initiatorin des Berliner Denkmals für die ermordeten Juden Europas Lea Rosh hätte einfach diejenigen einbeziehen können, zu deren Fürsprecherin sie sich erklärt hatte, ehe sie ihre Absicht bekundete, den im Vernichtungslager Belzec gefundenen Zahn in den Boden des Mahnmals einzulassen. True story![18] Das ist vielleicht die zentrale Lektion des Verbündet-Seins: Zuhören lernen. Man kann die eigenen Privilegien nur dann sinnvoll nutzen, wenn klar ist, was die diskriminierte Seite eigentlich benötigt. Und meine Freund*innen und ich werden Unterstützung von privilegierter Seite nur dann als solche anerkennen, wenn die andere Seite auch signalisiert, dass sie es ernst meint und sich nicht nur selbst Gutes tun möchte.

Gesellschaftliche Zuschreibungen legen fest, in welchen Aspekten ihrer Identität Menschen diskriminiert und in welchen Aspekten sie privilegiert werden; sie legen nicht fest, wie die Menschen sich dazu verhalten. Als alter weißer Mann kann ich selbstredend wollen, dass die Welt gerechter gestaltet wird. Das mag vielleicht seltener passieren, als viele es sich wünschen würden – aber mir fallen doch eine Reihe historischer Beispiele dafür ein, vom Fabrikbesitzer Friedrich Engels, der Karl Marx finanziell und emotional unterstützte, über den Millionenerben Jan Philipp Reemtsma, der das Hamburger Institut für Sozialforschung gründete und die Wehrmachtsausstellung finanzierte, bis zum Politikwissenschaftler Elmar Altvater, der seine Professur am Otto-Suhr-Institut der Freien Universität Berlin auf seine Initiative hin mit einer Frau teilte. Ihre Privilegien definierten nicht ihre politischen Absichten.

In diesem Sinne muss die Praxis radikaler Vielfalt auch die Abwehr der Festschreibungen auf bestimmte Eigenschaften zum Ziel haben. Das gilt für privilegierte Gruppen, und das gilt ebenso für Diskriminierte, die bisweilen Gefahr laufen, sich die Zuschreibung, gegen die sie sich zur Wehr setzen, selber zu glauben. Ich habe diesen Prozess in *Desintegriert euch!* für die jüdische Seite als Übernahme einer deutschen Erwartung beschrieben, aus deren Perspektive Juden stets über Antisemitismus, Shoah und Israel sprechen müssen. Diese Rolle als Juden für Deutsche (JfD) stabilisiert das gegenwärtige System und seine Ungerechtigkeiten. Trotzdem kann diese Rolle auch verlockend sein, weil sie materielle und soziale Anerkennung verspricht. Und als *authentischer* Ausdruck von Jüdischkeit gilt, da sich in ihr bestätigt, was die Öffentlichkeit erwartet.

Weil derartige gesellschaftliche Zuschreibungen und Erwartungen auf allen Ebenen stattfinden, müssen sie auch auf allen Ebenen unterlaufen, umgearbeitet, verarbeitet werden. Hier kann die künstlerische Praxis Ausgangspunkt vielfältiger Gegenstrategien sein, durch die sich das Verhältnis von Authentizität und Fiktion, Bühne und Publikum erschüttern und neu ordnen lässt. Genau darum geht es im letzten Kapitel. I'm bringing Fake News back.

# JÜDISCH-MUSLIMISCHE LEITKULTUR

Sind Sie je durch eines der vielen Jüdischen Museen gegangen, die seit der Shoah auf deutschem und österreichischem Boden entstanden? Und sind Sie irgendwann noch einmal durch ein weiteres Jüdisches Museum in einer beliebigen anderen Stadt gegangen? Dann wird Ihnen aufgefallen sein, dass die Erzählung der beiden Museen sich gleicht wie eine Fernsehschmonzette der anderen. Der Jüdische-Museums-Plot funktioniert grob so: Juden und Jüdinnen waren bis ins 18. Jahrhundert hinein Mitglieder ausgegrenzter religiöser Gemeinschaften, die unter den damals üblichen Pogromen und Vertreibungen litten. Zeitgenössische Abbildungen zeigen langbärtige Figuren mit krummen Rücken und vergeistigter Gestik, häufig kleiner als die umstehenden Christenmenschen, oft mit ulkigen Hüten auf dem Kopf. Neben einem Diskriminierungszeitstrahl stehen einige Vitrinen mit Kultgegenständen, Hochzeitsgewändern und Beschneidungswerkzeugen, außerdem ein paar persönliche Gegenstände, von denen keine*r so richtig sagen kann, wofür sie eigentlich gut waren.

Mit dem 18. Jahrhundert folgt dann die Episode jüdische Emanzipation, inklusive der bekannten Kassenschlager: Bromance zwischen Moses Mendelssohn und Gotthold Ephraim Lessing, Integrationssalon Rahel Varnhagen, Entstehung eines jüdischen Bürgertums mit wohlhabenden und elegant gekleideten Fabrikbesitzer*innen, schließlich die rechtliche Gleichstellung der jüdischen Bevölkerung mit Gründung des Deutschen Reiches 1871. Damit ist die Spannung aufgebaut, man hält den Atem an und weiß, was jetzt kommen muss: die

Shoah. Hier können sich die Kurator*innen nun so richtig austoben, dramatisch von Farbe zu Schwarz-Weiß wechseln, architektonische Leerstellen klaffen lassen, endlose Listen von Namen auf Wände projizieren oder wahlweise ganz zurückgenommen und still werden. Die Message ist klar: Die jüdische Emanzipation lief so gut, und dann das! Totale Schockstarre. Kopfschütteln, Entrüstung darüber, was Menschen anderen Menschen antun können …

Aber ein Jüdisches Museum in Deutschland oder Österreich wäre kein Jüdisches Museum in Deutschland oder Österreich, lieferte es nicht noch das wohltuende Licht am Ende des Tunnels: 1945, 1968, 1989 – die Rückkehr der Juden, die Emanzipation der Deutschen von ihrem Verbrechertum, wer hätte das gedacht. Nach herben Rückschlägen voller Massengräbern, Konzentrationslagern und einer Nation von Mitläufer*innen glückt schließlich das Projekt Zugehörigkeit. Zwar mit weniger Juden und Jüdinnen als früher, aber immerhin lebendig. Das passende Judentum dazu ist traurig und trotzdem lebensfroh. Lechaim.

Nicht nur aus den Museen, sondern auch aus diversen Ansprachen und Politikerreden wird Ihnen diese Erzählung bekannt vorkommen. Die Botschaft ist klar strukturiert: Die Juden gehörten zu Deutschland, dann wollten die nichtjüdischen Deutschen sie umbringen, jetzt wollen sie es doch nicht mehr. Zum aufklärerischen Projekt Zugehörigkeit tritt nach dem Nationalsozialismus das Projekt Versöhnung, Bundespräsident Frank-Walter Steinmeier hat es beim 5. *World Holocaust Forum* in der israelischen Holocaust-Gedenkstätte Yad Vashem 2020 nochmal deutlich auf den Punkt gebracht:

> Fünfundsiebzig Jahre nach der Befreiung von Auschwitz stehe ich als deutscher Präsident vor Ihnen allen, beladen mit großer historischer Schuld. Doch zugleich bin ich erfüllt von Dankbarkeit: für die ausgestreckte Hand der Überlebenden, für das neue Vertrauen von Menschen in Israel und der ganzen Welt, für das wieder erblühte jüdische Leben in Deutschland.[1]

Die tausendsiebenhundertjährige Geschichte der Juden und Jüdinnen auf dem Gebiet des heutigen Deutschlands wird bis in die Gegenwart vor allem im Verhältnis zur nichtjüdischen Umgebung erzählt. Bei dieser Außenorientierung fallen notwendigerweise Perspektiven unter den Tisch – oder was wissen Sie nach einem Museumsbesuch über innerjüdische Geschichten wie etwa die Existenz jüdischer Ganoven im Spätmittelalter[2]? Oder die Entstehung des chassidischen Judentums in Osteuropa, von dem die deutschen Juden und Jüdinnen lange Zeit selbst nichts wissen wollten? Oder die Geschichte der vielen falschen Messiasse, von denen der im Osmanischen Reich geborene Jude Schabbatai Zvi wenn nicht der durchgeknallteste, so doch der bekannteste ist?

Gerade konservative Vertreter*innen der heutigen Bundesrepublik Deutschland werden nicht müde, allen, die es hören wollen, zu versichern, dass das Judentum ohne Wenn und Aber zu Deutschland gehöre. Das hat in den besten Fällen mit Einsicht in die Verbrechen der nichtjüdischen Deutschen zu tun. Im Kapitel *Symbolische Juden und andere Trophäen* habe ich aber auch herausgearbeitet, auf welche Weise die rhetorische Verteidigung der Juden und Jüdinnen den Dominanzanspruch einer deutschen Leitkultur stärkt. Historisch betrachtet ist die Nähe von jüdischer und deutscher Bevölkerung nichts als eine Täuschung, denn das Mittelalter kannte nun wirklich alles Mögliche, aber keine jüdisch-christliche Tradition. Die jüdischen Gemeinden unterstanden damals in den meisten Fällen den jeweiligen Herrscher*innen (genauer gesagt: sie waren deren Eigentum) und hatten zur Klärung täglicher Fragen eigene Verwaltungsstrukturen und Instanzen der Rechtsprechung. Diese als »Kammerknechtsökonomie« bezeichnete Ordnung bedeutete einen gewissen Schutz für die Juden und Jüdinnen, solange sie sich gewinnbringend ausbeuten ließen. Denn am Eigentum des Monarchen vergreift man sich nicht ungestraft – und wenn die Bürger*innen einer Stadt dennoch die lokale jüdische Gemeinde bestahlen oder gar umbrachten, musste das erbeutete Geld an den König weitergereicht werden.[3]

Mit Blick auf die Faktenlage kann man die frühe Geschichte der jüdischen Gemeinschaften in Deutschland also auch als Geschichte einer Parallelgesellschaft erzählen. Das ist eine ziemlich gravierende Verschiebung, denn durch diese Neufassung der Geschichte entsteht eine Spannung zwischen der Behauptung, die Juden und Jüdinnen gehörten ohne Wenn und Aber zu Deutschland, und der Behauptung, Menschen dürften in dieser Gesellschaft keinesfalls außerhalb einer Leitkultur existieren. Die jüdische Anwesenheit auf dem Gebiet, das heute Deutschland heißt, beweist das Gegenteil – dass man nämlich nicht erst deutsch werden muss, um dazuzugehören. Und ebenso wenig »jüdisch-christlich«. Nein, nein. Zugehörigkeit zur Gesellschaft entsteht nicht durch kulturelle oder religiöse Anpassung, sondern durch Anerkennung. Was sich grundlegend von den Voraussetzungen unterscheidet, die Vertreter*innen von Integration und Leitkultur propagieren. Im Falle der Juden und Jüdinnen brauchte es 1700 Jahre und einen Völkermord, bis man sich mit ihrer Anwesenheit abgefunden hatte. Hoffen wir, dass es andere Minderheiten leichter haben.

Es wäre also übereilt, angesichts der Versöhnungspointe dieser deutsch-jüdischen Katastrophengeschichte zu schließen, die Anerkennung jüdischer Zugehörigkeit zu Deutschland wäre gleichbedeutend mit der Deutschwerdung der Juden und Jüdinnen. Anerkennung bedeutet erst einmal nur, dass die deutsche Dominanzkultur irgendwann in der Vergangenheit lernte, die jüdische Differenz bis zu einem gewissen Grad zu akzeptieren. Was nicht ausschließt, dass viele Jüdinnen und Juden ab dem späten achtzehnten Jahrhundert alles taten, um zu Deutschland zu gehören. Man ließ sich taufen, heiratete nichtjüdisch und lernte schließlich, für das Vaterland im Schützengraben zu sterben. Das ging so weit, dass religiöse Vertreter*innen Anfang der zwanziger Jahre des 20. Jahrhunderts vor dem baldigen Ende des Judentums durch Assimilation warnten. In der modernen Orthodoxie wird diese auch aktuelle Furcht zusammengefasst mit dem Satz: Assimilation ist stiller Holocaust. Doch dafür war dann keine Zeit mehr, der laute Holocaust war noch schneller.

Ich möchte danach fragen, auf welche Weise Juden und Jüdinnen sich auch weiterhin von nichtjüdischen Deutschen unterschieden. Inwieweit ergaben sich die Gedanken und Werke von Moses Mendelssohn, Heinrich Heine, Franz Rosenzweig oder Hannah Arendt nicht allein aus ihrem Deutschsein, sondern aus ihrer jeweiligen Differenz zu ihrer Umgebung? War es nicht auf jeweils eigene Weise diese Unterschiedlichkeit, die jüdischen Denker*innen und Künstler*innen einen anderen Blick auf ihre jeweilige Gegenwart erlaubte? Gegen Vertreter*innen eines Denkens der Leitkultur und Integration meine ich also, dass die Sache sich umgekehrt verhält: Nicht die Beiträge jüdischer und anderer Minderheiten *zur deutschen Kultur* machen sie zu wertvollen Teilen der Gesellschaft, sondern ihre Perspektiven sind die Quellen, aus der diese sogenannte deutsche Kultur erst entsteht.

In letzter Zeit haben mir besonders zwei Studien vor Augen geführt, welche neuen Aspekte eine solche Aufmerksamkeit für die Differenz jüdischer und anderer Minderheiten von der deutschen Dominanzkultur in der Geschichte aufzeigen könnte. Gerdien Jonkers Arbeit *On the Margins. Jews and Muslims in Interwar Berlin*[4] rekonstruiert in liebevoll detaillierter Archivarbeit, wie im Berlin der Zwischenkriegszeit enge jüdisch-muslimische Kontakte, Kooperationen und Freundschaften entstanden – und mit ihnen Visionen einer Allianz gegen die zunehmende rassistische, homophobe und antisemitische Bedrohung.[5] Die Tiefe und Ernsthaftigkeit dieser aus der gegenwärtigen Gegenüberstellung jüdischer und muslimischer Positionen heraus vielleicht überraschenden Verbindung werden auch daran deutlich, dass ägyptische, persische und auch indische Freund*innen bedrängte Juden und Jüdinnen wenige Jahre darauf bei der Flucht aus Nazideutschland unterstützten.[6]

Susannah Heschels Studie *Jüdischer Islam. Islam und jüdisch-deutsche Selbstbestimmung*[7] beschäftigt sich mit einem weiteren mir bis dahin weitgehend unbekannten Themenfeld – der jüdischen Orientforschung, die ab dem 19. Jahrhundert in Deutschland entstand. Das Buch differenziert die von Edward Said in den späten siebziger Jahren etablierte Orientalismus-Hypothese, der zufolge die europäische Orientalistik den sogenannten Orient flächendeckend als negative und exotische Projektionsfläche instrumentalisiert habe.[8] Heschel zeigt, wie jüdische Gelehrte in ihrer philologischen Arbeit »die Ähnlichkeiten zwischen dem klassischen Judentum und dem Islam«[9] aufwiesen und den »gemeinsamen Glauben an Gott und die Prophezeiung, ihre ähnliche Glaubenspraxis sowie die von frappierenden Gemeinsamkeiten geprägte Auslegung biblischer Erzählungen«[10] rekonstruierten. Dabei konzentrierten sich die jüdischen Forscher besonders auf den Nachweis der Rationalität des Islams, denn damit erhofften sie sich zugleich ein »Mittel zur Entorientalisierung des Judentums«.[11]

Die Arbeiten von Jonker und Heschel sind zwei Beispiele für das Potenzial von Perspektiven auf die Geschichte jüdischer und anderer Minderheiten, die nicht ausschließlich auf das Verhältnis zur sie umgebenden deutschen Mehrheit, sondern auch auf ihre jeweiligen Eigenständigkeiten scharf stellen. Nimmt man Abstand von der Erzählung der zunehmenden Emanzipation der Juden im Deutschland des 19. und frühen 20. Jahrhunderts, wird klar, dass Juden und Jüdinnen eben nicht allein dadurch zu Deutschland gehörten, dass sie rechtlich gleichgestellt wurden und sich am gesellschaftlichen und kulturellen Leben beteiligten. Sondern dadurch dass sie auch im 19. und frühen 20. Jahrhundert eigenständige Akteur*innen blieben, die Netzwerke knüpften, sich dem deutschen Nationalismus, der Orthodoxie oder dem Zionismus zuwandten, politische Visionen entwickelten oder Widerstand leisteten. Gerade letzteren Punkt finde ich entscheidend, denn die Rahmung einer Geschichte der jüdischen Minderheit als Erzählung zunehmender Ähnlichkeit unterschlägt die Möglichkeit, dass sie ihre kulturellen und politischen Ressourcen nicht so sehr aus ihrer Integration und Anpassung, sondern aus dem mannigfaltigen Fortbestehen ihrer Differenz schöpften.

Dieser Punkt lässt sich gut am Nationalismus nachvollziehen, den viele deutsche Juden und Jüdinnen in den Jahrzehnten vor der Shoah begeistert vertraten. Diese Menschen glaubten, dass die Vaterlandsliebe sie vor dem weit verbreiteten Antisemitismus der deutschen Gesellschaft und des deutschen Staates bewahren würde. Was sich als Täuschung herausstellte. Nationalismus schützt nicht. Nationalismus tötet. In seinem 1939 veröffentlichten Roman *Der Reisende* erzählte der 1935 aus Deutschland geflohene, 1942 auf einem durch ein deutsches Torpedo versenkten Schiff umgekommene jüdische Autor Ulrich Alexander Boschwitz die Geschichte dieser Täuschung. Der wohlhabende und weitgehend assimilierte jüdische Unternehmer Otto Silbermann versucht angesichts der voranschreitenden Entrechtung in Nazideutschland erst sein Eigentum, dann sein Leben zu retten.[12] Silbermann entspricht ganz dem Stereotyp des eben beschriebenen jüdischen Patrioten, der sich zutiefst mit dem deutschen Recht, der deutschen Armee und der deutschen Polizei identifiziert.

Die Geschichte Otto Silbermanns ist mehr als nur die Geschichte einer Selbsttäuschung. Sie ist auch die Geschichte einer hausgemachten Unmöglichkeit, Widerstand gegen die eigene Vernichtung zu leisten. Sicher, Juden und Jüdinnen konnten sich nicht vorstellen, dass derselbe Staat, dem sie Steuern gezahlt hatten und für den sie in den Krieg gezogen waren, sie nur zwei knappe Jahrzehnte später enteignen und umbringen lassen würde. Doch die nationalistische Identifikation bedeutete eben auch, dass man zusammen mit der

Vaterlandsliebe auch die eigene Handlungsfähigkeit an den deutschen Staat delegiert hatte. Boschwitz' Silbermann ist also keine naive Figur, sondern eine gläubige, denn sein Glaube an den deutschen Staat verbietet ihm den einzigen gangbaren Weg, der ihm zur Rettung seines Lebens übrig bliebe – den gedanklichen und praktischen Widerstand gegen jene staatlichen Institutionen, die ihm nach Vermögen und Leben trachten.

In *Desintegriert euch!* schrieb ich: »Es gab einmal eine Zeit, da wollten Juden und Jüdinnen noch mitmachen. Dieser Zug ist abgefahren. Und es saßen Deutsche im Schaffnerhäuschen.«[13] Die Geschichte der in Deutschland lebenden Juden und Jüdinnen, die nicht glauben konnten, was ihnen widerfuhr, lehrt, wie fundamental Ideen wie Heimat, Leitkultur und Integration Menschen dem Staat ausliefern können. Derartige Täuschungen dürfen sich nicht wiederholen. Will man Adornos Credo der Erziehung zur Mündigkeit ernst nehmen, dass die Gesellschaft so eingerichtet werden müsse, dass sich Auschwitz nicht neuerlich ereigne, dann bedeutet das auch, dass man sich ein bestimmtes Maß an Handlungsfähigkeit gegen den Staat bewahren muss.[14] Wenn ich schreibe, dass man nicht den Fehler machen darf, zu glauben, der Staat könnte bestimmte Gruppen nicht neuerlich verraten, bedeutet das in diesem Sinne auch, sich die eigene Widerstandsfähigkeit zu bewahren.

Das Konzept der *streitbaren* oder *wehrhaften Demokratie* geht auf die jüdischen Sozialwissenschaftler Karl Loewenstein und Karl Mannheim zurück. Im US- beziehungsweise britischen Exil fragten sich beide auf ihre Weise, welche Selbstschutzmechanismen es bräuchte, damit sich eine Demokratie besser als die Weimarer Republik gegen deren Zerstörung durch die Nationalsozialist*innen 1933 wappnen könne.[15] In ihren Konzeptionen beschränkten sich Loewenstein und Mannheim nicht auf staatliche Maßnahmen wie Parteiverbote, sondern sahen in der Zivilgesellschaft die wichtigste Akteurin einer wehrhaften Demokratie.[16] Und diese Zivilgesellschaft setzt sich aus Menschen und Gruppen zusammen, die nicht nur gleichberechtigt sind, sondern auch unterschiedlich bleiben.

Ich habe gezeigt, wie ein Übermaß an Anpassung an die deutsche Gesellschaft nicht nur zu einem höheren Maß an Teilhabe für Juden und Jüdinnen führte, sondern zugleich auch ihre Fähigkeit einschränkte, der staatlichen Verfolgung zu widerstehen. Daraus schließe ich in Übereinstimmung mit Loewenstein und Mannheim und zugleich über sie hinaus, dass das Fortbestehen der Differenz Grundlage ist für die Wehrhaftigkeit der Demokratie, die Arten und Weisen also, in denen die vielen Teile der Zivilgesellschaft unterschiedlich bleiben. Darum sind auch nicht Integration und Leitkultur, sondern Desintegration, radikale Vielfalt und komplexe Intersektionalität die zentralen Konzepte der Gegenwartsbewältigung. Eine ihrer zentralen Fragen lautet daher: Wie lässt sich ein postmigrantischer Antifaschismus denken?

Dafür, dass gerade die radikale Vielfalt der Gesellschaft ein Motor der Demokratie und ihres Versprechens auf Gerechtigkeit und Gleichheit ist, kennt die jüngere und jüngste Geschichte der Bundesrepublik viele Beispiele: die wilden Streiks vor allem türkeistämmiger »Gastarbeiter*innen«, die mit der Forderung nach Lohngleichheit zugleich die Frage nach Anerkennung und Teilhabe aufwarfen, die »Krüppelbewegung«, die auf die Diskriminierung von Menschen mit Behinderung hinwies und 1981 ihren Höhepunkt erreichte[17], der lesbisch-feministische Schabbeskreis, der sich in den Jahren 1984–1989 in Westberlin traf und die Anfänge der Queer-Bewegung in Deutschland maßgeblich mitprägte[18], die feministischen Bündniskonferenzen, die vor allem nach dem Mauerfall an Bedeutung gewannen[19], bis zu aktuellen Initiativen Asiatisch-deutscher, Asiatisch-diasporischer und anderer asiatisch gelesener Personen gegen die deutschland- und weltweite Zunahme von »Corona-Rassismus« 2020.[20]

Die Schrittmacher*innen der pluralen Gesellschaft sind dabei kaum zu überblicken, darum hier eine Liste wichtiger Akteur*innen in alphabetischer Reihenfolge, selbstverständlich ohne jeden Anspruch auf Vollständigkeit: Bürger*inneninitiativen, Clubs, Communitycafés, Demos, Freund*innenkreise, Genoss*innenschaften, Hausbesetzer*innen, Kulturinstitutionen, Kunstkollektive, Laientheater, Literaturzeitschriften, Magazine, Nachbar*innenprojekte, Soziale Bewegungen, Straßenfeste, Tafelhelfer, Unigruppen, Zechrunden … Sollten Sie sich jetzt wundern, warum Parteien in der Aufzählung fehlen, dann fragen Sie bitte nicht mich, fragen Sie Ihre*n Bezirksabgeordnete*n. Mir geht's um Folgendes: Bei dem ganzen Ärger mit den Rechten und den schlimmsten Terrorangriffen der Nachkriegszeit auf Shishabars und Synagogen, Dönerläden und Politiker*innen, bei dem Beharren einiger verlorener Hufeisensöhne und -töchter auf ihrer peinlichen und inadäquaten Perspektive gerät eine Sache manchmal aus dem Blick – dass nämlich längst etwas in Bewegung geraten ist, das kaum noch gestoppt werden kann.

Obwohl die Menschen und Bewegungen die Basis der wehrhaften Demokratie bilden, behaupten Vertreter*innen eines Denkens der Leitkultur und Integration weiterhin, die größte Bedrohung der deutschen Gesellschaft gehe von ihrer Vielfalt aus. Das zeugt von einer völligen Verkennung der Gegenwart. Und auch die Regierungskrise rund um die Thüringen-Wahl im Februar 2020 hat noch einmal deutlich gemacht, dass die Glaubenssätze der selbsterklärten »bürgerlichen Mitte« nicht länger die Fundamente der pluralen Gesellschaft bilden können. Denn die Behauptung der Nähe von rechten und linken Positionen diente letztlich einer Annäherung an die politisch wie gesellschaftliche größte gegenwärtige Gefahr: die Rückkehr völkischen und nationalistischen Denkens und Handelns. Das Problem dieser Gesellschaft ist kein Mangel an Gemeinschaftsgefühl, sondern ein Mangel an Gefühl dafür, wer zu dieser Gemeinschaft dazugehört. Das hat auch die Corona-Krise noch einmal unterstrichen, als sich das Verhalten von Staat und Bevölkerung so frappierend vom Umgang mit anderen Notlagen unterschied.

Im Oktober 2020 jährt sich die deutsche Einheit zum dreißigsten Mal. Ich habe beschrieben, wie tiefgreifend die Erzählung dieses Ereignisses als Vereinigung des jahrzehntelang getrennten deutschen Volkes viele Menschen und Perspektiven ausschließt, für die sie kein Anlass zur Freude war. Im Sinne einer pluralen und wehrhaften Gesellschaft muss dieses ethnozentrische Narrativ durch eine andere Erzählung ersetzt werden, die neben der deutschen Einheit auch Raum für die radikale Vielfalt der Erfahrungen lässt. Ich glaube nicht, dass man bei dieser Suche nach einer neuen Perspektive mit sanfter Intervention oder freundlichen Ansprachen weit kommen wird. Vielleicht muss stattdessen die große künstlerische Brechstange her. Und die könnte etwa heißen: Jüdisch-muslimische Leitkultur.

Die jüdisch-muslimische Leitkultur ist der Gegenentwurf zur deutschen Erzählung von Heimat, Harmonie und Einheit. Sie ist ebenso strategisch wie absurd, denn in der gegenwärtigen Situation könnte kaum etwas weiter voneinander entfernt sein als die jüdische und die muslimische Seite. Zugleich ist nach den rechten Terrorangriffen der letzten Jahre klar, dass beide Seiten aller Wahrscheinlichkeit nach ein Schicksal teilen werden: Entweder, es gelingt Juden und Jüdinnen wie Muslim*innen, in Deutschland zu leben. Oder beiden nicht. Die jüdisch-muslimische Leitkultur ist die Konsequenz aus der Einsicht, dass die plurale Gesellschaft nicht nur auf Vielfalt basiert, sondern dass sie aus dieser Vielfalt auch ihre Widerstandsfähigkeit schöpft. Das öffnet den Blick auf ein prall gefülltes historisches Archiv, das vom Widerstand und der Selbstermächtigung diskriminierter gesellschaftlicher Gruppen berichtet – von der wehrhaften Poesie von Juden und Jüdinnen[21] bis zu afrodeutschen Perspektiven, von feministischen Interventionen bis zu den Kunstwerken von Gastarbeiter*innen und ihren Kindeskindern.

Ihren ersten Auftritt hatte die jüdisch-muslimische Leitkultur übrigens in einem der Trailer, die wir 2018 für die von Sasha Marianna Salzmann und mir organisierten *Radikalen Jüdischen Kulturtage* am Maxim Gorki Theater entwarfen. Unsere Idee war, einen jüdischen Fake-News-Kanal zu gründen – was die Rechten konnten, konnten wir schon lange. Mit dem Titel *JewsNewsToday* machten wir uns über den Desinformationssender *Russia Today* lustig, der damals mit besonders einfallsreichen Falschmeldungen auffiel. In unserem ersten Clip meldete die Moderatorin Rebecca Shlomka, das Berliner Abgeordnetenhaus habe mit überwältigender Mehrheit einem Volksbegehren entsprochen, Eintritt für das Holocaust-Mahnmal zu nehmen und das eingenommene Geld an jüdische Institutionen zu spenden. Im zweiten Beitrag berichtete sie, die Deutsche Bank plane die Einführung einer Judenquote, um sich wirtschaftlich zu konsolidieren. Im dritten Clip schließlich diskutierten dann Imam Mohammad Djihad und Rabbinerin Leyla Goldzahn über die Realität einer jüdisch-muslimischen Leitkultur, bis sie von einer Wetterwarnung unterbrochen wurden, da sich das Sturmtief Mendelssohn der Hauptstadt näherte. Moderatorin Rebecca Shlomka kündigte die Diskussion der jüdisch-muslimischen Leitkultur wie folgt an:

> Über den Begriff der »Leitkultur« ist in den vergangenen Monaten wieder viel gestritten worden. Auffällig ist, dass nie über andere Leitkulturen als die deutsche gesprochen wird. Das heutige Interview wollen wir daher dem Thema der jüdisch-muslimischen Leitkultur widmen. Dazu begrüße ich Mohammad Djihad und Leyla Goldzahn. Guten Tag!

BEIDE: Guten Tag, schön hier zu sein!

MODERATORIN: Was genau verstehen Sie unter jüdisch-muslimischer Leitkultur?

MOHAMMAD: Also, muslimische Leitkultur in Deutschland, das ist für mich der Muezzin in Köln, hupende Autos, Brusthaar und das Lamm auf dem Grill. Sie kennen den Geruch nach Köfte und Döner! Das ist Deutschland.

LEYLA: Schauen Sie nachts mal an den Himmel. Was sehen Sie, wenn es nicht bewölkt ist? – Richtig. Sterne! Oder gehen Sie in einen deutschen Wald. Überall Judenbuchen, Birken und deutsche Eichen. Diesen Sommer war ich an der Ostsee, da gingen die Menschen nackt vom Strand zur Dusche. Das ist jüdische Leitkultur in Deutschland!

MODERATORIN: Wenn ich die beiden Dinge verbinde, ist jüdisch-muslimische Leitkultur dann also Döner unterm Sternenhimmel? Waldspaziergang mit Muezzin?

MOHAMMAD: Danke für die Nachfrage, Frau Shlomka, das haben Sie ganz richtig erfasst. Die jüdisch-muslimische Leitkultur ist deutscher als die Schwarzwälder Kuckucksuhr, Currywurst oder Labskaus.

LEYLA: Sehen Sie, jüdisch-muslimische Leitkultur, das bedeutet für mich: Sonntag ist Samstag ist Freitag, Abend ist Morgen, Paranoia ist Normalität. Sie bedeutet guten Rap und eine Menge zusätzlicher Feiertage. Wer feiert denn heute noch Nikolaus? Wen interessiert denn der heilige Sonntag?

MODERATORIN: Nun gut, der deutsche Innenminister wäre da anderer Meinung. Sein Motto lautet bekanntlich: Wir sind nicht Burka.

MOHAMMAD: Wir sind auch keine Bratpfannen! Und keine Bierflaschen. Man kann kein Gegenstand sein![22]

Wenn ich in den letzten Monaten vom zunehmenden Rechtsextremismus in Deutschland lese, sehe ich meinen guten Freund N. im weiß blühenden Innenhof des Maxim Gorki Theaters stehen. Es ist kurz vor der Bundestagswahl 2017, wir trinken einen doppelten Kräutertee, und N. sagt: »Wenn die AfD über zehn Prozent bekommt, suche ich uns ein anderes Land.« Als wir uns alle ein paar Wochen später bei seiner Hochzeit im Süden Europas treffen, hat die AfD gerade 12,6 Prozent erhalten. Wir treten aus dem Flughafen in die grelle Mittagssonne, und für einen unwirklichen Moment fühlt sich die Reise tatsächlich an wie der Anfang eines gemeinsamen Exils, fern von einem Land, in dem gerade ein Achtel der Bevölkerung eine völkische Partei gewählt hat.

Und dann kickt ein paar Stunden später der Trotz in unseren Köpfen und Körpern. Wir rufen dem Brautpaar Glückwünsche zu, umarmen uns etwas fester, essen massenweise Blätterteig. Und füllen in den Tagen, Wochen, Monaten danach die Stifte mit Quarzsand, schreiben und organisieren, dichten und polemisieren. In dieser Zeit entstehen die ersten Skizzen für *Desintegriert euch!*, was nicht nur das Protokoll unseres Nachdenkens über Gesellschaft ist, sondern auch ein Zeugnis des Gefühls, dass wir nicht nur das Kaninchen vor der Schlange sein dürfen, sondern selbst ein wenig Schlange werden müssen.

Seit dem Erstarken der Rechten im Parlament und auf der Straße werde ich oft gefragt, ob ich mich schon nach einem anderen Ort umschaue, ob ich von hier weggehen würde, wenn es hart auf hart kommt. Meine Antwort lautet damals wie heute: Ich schaue mich nicht um. Gegenwartsbewältigung heißt, dass man uns mit den Füßen zuerst aus den Shishabars und Synagogen, Spätis und Darkrooms wird tragen müssen. Wir räumen nicht das Feld, auch wenn nichts wieder gut wird. Nicht mit der Heimat, nicht mit der Leitkultur, nicht im Kapitalismus. Aber wenn wir verlieren, dann verlieren wir zusammen.

# LITERATUR

## EINLEITUNG: GEGENWARTSBEWÄLTIGUNG

1 Umberto Eco, *Der ewige Faschismus*, übers. v. Burkhart Kroeber, München 2020, S.13

2 Ferdinand Otto, *Letzte Mahnung aus dem Kanzleramt*, 18.3.2020, Zeit Online, https://www.zeit.de/politik/deutschland/2020-03/coronavirus-ansprache-angela-merkel-massnahmen-analyse

3 Michaela Wiegel, *Macron und der sechsfache Krieg*, 17.3.2020, faz.net, https://www.faz.net/aktuell/politik/corona-krise-in-frankreich-macron-erklaert-virus-den-krieg-16682743.html

4 Presse- und Informationsamt der Bundesregierung, *Fernsehansprache von Bundeskanzlerin Angela Merkel*, 18.3.2020, https://www.bundeskanzlerin.de/bkin-de/aktuelles/fernsehansprache-von-bundeskanzlerin-angela-merkel-1732134

5 Michael Wildt, *Die Ambivalenz des Volkes. Nationalsozialismus als Gesellschaftsgeschichte*, Berlin 2019, S. 47–48

6 Infratest dimap, *ARD-DeutschlandTREND März Extra 2020*, 23.3.2020, https://www.infratest-dimap.de/umfragen-analysen/bundesweit/ard-deutschlandtrend/2020/maerz-extra/

7 Carolin Emcke, *Politisch-persönliche Notizen zur Corona-Krise. Woche 1: Vom Spazierengehen in Kreuzberg, von nahen und fernen Körpern – und Wörtern, deren Bedeutungen sich verschieben*, SZ.de, 23.–27.3.2020, https://projekte.sueddeutsche.de/artikel/politik/corona-krise-journal-in-zeiten-der-pandemie-e584987/

8 Daniel Kahn, *Gegenwartsbewältigung: Getting Drunk on the Past in Berlin and Sobering up in Yiddishland*, S.217–225, in: Charlotte Misselwitz/Cornelia Siebeck (Hrsg.), *Dissonant Memories, Fragmented Present: Exchanging Young Discourses between Israel and Germany*, Bielefeld 2009

9 Kahn 2009, S.225

10 Micha Brumlik/Marina Chernivsky/Max Czollek/Hannah Peaceman/Anna Schapiro/Lea Wohl von Haselberg (Hrsg.), Jalta. Positionen zur jüdischen Gegenwart. Gegenwartsbewältigung, Ausgabe 04 2/2018, Berlin

11 Max Czollek, *Desintegriert euch!*, München 2018

12 Y. Michal Bodemann, *Gedächtnistheater. Die jüdische Gemeinschaft und ihre deutsche Erfindung*, Hamburg 1996

13 Czollek 2018, S. 63

14 Naika Foroutan, *Die postmigrantische Gesellschaft. Ein Versprechen der pluralen Demokratie*, Bielefeld 2019

15 Foroutan 2019, S. 14

16 Naika Foroutan/Juliane Karakayali/Riem Spielhaus (Hrsg.), *Postmigrantische Perspektiven. Ordnungssysteme, Repräsentationen, Kritik*, Frankfurt am Main 2018

17 Shermin Langhoff im Gespräch, *Der Hund steht für den Bastard*, S. 43–46, in: Freitext, Heft 13, Jahrgang 07, April 2009

18 Eike Geisel, *Die Wiedergutwerdung der Deutschen. Essays und Polemiken*, Berlin 2015

19 Birgit Rommelspacher, *Dominanzkultur. Texte zu Fremdheit und Macht*, Berlin 1995

20 Aladin El-Mafaalani, *Das Integrationsparadox. Warum gelungene Integration zu mehr Konflikten führt*, Köln 2018, S. 206–208

21 Michael Wolffsohn, *Der Begriff »christliches Abendland« ist geistiger Müll*, Süddeutsche Zeitung, 3.4.2018, https://www.sueddeutsche.de/politik/geschichte-europas-der-begriff-christliches-abendland-ist-geistiger-muell-1.3926979

22 Isolde Charim, *Ich und die Anderen. Wie die neue Pluralisierung uns alle verändert*, Wien 2018

23 El-Mafaalani 2018

24 Foroutan 2019

25 Charim 2018, S. 11

26 Eco 2020, S. 30

1 Alexander Gauland, *Wortlaut der umstrittenen Passage der Rede*, 4.6.2018, https://www.afdbundestag.de/wortlaut-der-umstrittenen-passage-der-rede-von-alexander-gauland/

2 Ebd.

3 Ebd.

4 Samuel Salzborn, *Kollektive Unschuld. Die Abwehr der Shoah im deutschen Erinnern*, Leipzig 2020

5 Miriam Scharlibbe, *Wie Parteien versuchen, der AfD den Begriff »Heimat« abzujagen*, Neue Westfälische Zeitung, 21.10.2017, https://www.nw.de/nachrichten/zwischen_weser_und_rhein/21954248_Wie-Parteien-versuchen-der-AfD-den-Begriff-Heimat-abzujagen.html

6 Paul Ritter, *Maybrit Illner: Gauland sieht Höcke in Mitte der AfD*, 7.2.2020, WAZ, https://www.waz.de/kultur/fernsehen/maybrit-illner-gauland-schockt-mit-politischer-einordnung-von-bjoern-hoecke-id228357639.html

7 »restaurative Utopie«, in: Gershom Scholem, *Über einige Grundbegriffe des Judentums*, Frankfurt am Main 1970, S. 125

8 Rüdiger Safranski, *Romantik. Eine deutsche Affäre*, München 2007, S. 318–319

9 Fritz Stern, *Kulturpessimismus als politische Gefahr. Eine Analyse nationaler Ideologie in Deutschland*, Stuttgart 2015

10 Stern 2015, S. 4

11 Hannah Arendt, *Besuch in Deutschland*, Berlin 1993, S. 29

12 Frank-Walter Steinmeier, *Festakt zum Tag der Deutschen Einheit*, 3.10.2017, https://www.bundespraesident.de/SharedDocs/Reden/DE/Frank-Walter-Steinmeier/Reden/2017/10/171003-TdDE-Rede-Mainz.html

## QUARANTINI-TIME FÜR DIE DEUTSCHE LEITKULTUR

1 Thomas de Maizière, *»Wir sind nicht Burka«: Innenminister will deutsche Leitkultur*, 30.4.2017, Zeit Online, https://www.zeit.de/politik/deutschland/2017-04/thomas-demaiziere-innenminister-leitkultur/komplettansicht

2 Andreas Reckwitz, *Das Ende der Illusionen. Politik, Ökonomie und Kultur in der Spätmoderne*, Berlin 2019, S. 24–25

3 Reckwitz 2019, S. 36

4 Reckwitz 2019, S. 45–46

5 Rainer Geißler, *Migration und Integration*, S. 40–53, in: Informationen zur politischen Bildung, Nr. 324/2014, Sozialer Wandel in Deutschland, Bonn 2014

6 Thea Dorn, *deutsch, nicht dumpf. Ein Leitfaden für aufgeklärte Patrioten*, München 2018, S. 27.

7 Dorn 2018, S. 126–129

8 Dorn 2018, S. 129

9 Ebd.

10 Richard Wagner, *Das Judenthum in der Musik*, Leipzig 1869

11 Wagner 1869, S. 14

12 Dorn 2018, S. 130

13 Dorn 2018, S. 128

14 Ebd.

15 Wagner 1869, S. 24

16 Wagner 1869, S. 15

17 *Etymologisches Wörterbuch des Deutschen.* Erarbeitet unter der Leitung von Wolfgang Pfeifer, München 2000, S. 1521

18 Ebd.

19 *Die Verfassung des Deutschen Reichs vom 11. August 1919* (Weimarer Verfassung), http://ghdi.ghi-dc.org/sub_document.cfm?document_id=3937&language=german

20 Carl Schmitt, *Die geistesgeschichtliche Lage des heutigen Parlamentarismus*, Berlin 2017, S. 13–14

21 *Das 25-Punkte-Programm der Nationalsozialistischen Deutschen Arbeiterpartei*, www.documentarchiv.de/wr/1920/nsdap-programm.html

22 Hans-Ulrich Thamer, *Volksgemeinschaft: Mensch und Masse*, S. 367–388, in: Richard van Dülmen (Hrsg.), *Erfindung des Menschen. Schöpfungsträume und Körperbilder 1500–2000*, Wien 1998, hier S. 367, zitiert nach Michael Wildt, *Die Ambivalenz des Volkes. Der Nationalsozialismus als Gesellschaftsgeschichte*, Berlin 2019, S. 52

23 Wildt 2019, S. 52–59

24 Norbert Frei, *1945 und wir. Das Dritte Reich im Bewußtsein der Deutschen*, erweiterte Taschenbuchausgabe, München 2009, S. 128

25 Promotionskolleg rechtspopulistische Sozialpolitik und exkludierende Solidarität, Universität Tübingen, https://promotionskolleg-rechtspopulismus.net/

26 Johann Gottfried Herder, *Vom verkannten Wert der Deutschen*, S. 267–270, in: Siegfried Sunnus (Hrsg.), *Herder-Lesebuch. Zum 250. Geburtstag*, Frankfurt am Main/Leipzig 1994, hier S. 268

27 Johann Gottfried Herder, *Von den ältesten Nationalgesängen*, S. 235–236, in: Siegfried Sunnus (Hrsg.), *Herder-Lesebuch. Zum 250. Geburtstag*, Frankfurt am Main/Leipzig 1994

28 Novalis, *Die Christenheit oder Europa. Ein Fragment*, S. 67–89, in: ders., *Fragmente und Studien. Die Christenheit oder Europa*, Stuttgart 1998, hier S. 82

29 Friedrich Hölderlin, *Tod fürs Vaterland*, S. 216–217, in: ders., *Sämtliche Gedichte und Hyperion*, Frankfurt am Main/Leipzig 1999

30 Hölderlin 1999, S. 217

31 Ernst Moritz Arndt, *Des Deutschen Vaterland*, in: ders., *Werke. Teil 1: Gedichte*, Berlin u. a. 1912, S. 126–127, http://www.zeno.org/nid/20004459318

32 Samy Deluxe, *Hände hoch*, Album SchwarzWeiss, 2011

## KULTUR GESTERN? FRAGEN AN DIE NACHKRIEGSLITERATUR

1 Theodor W. Adorno, *Kulturkritik und Gesellschaft*, S.27–49, in: Petra Kiedaisch (Hrsg.), *Lyrik nach Auschwitz? Adorno und die Dichter*, Stuttgart 1995, hier S.49

2 Petra Kiedaisch (Hrsg.), *Lyrik nach Auschwitz? Adorno und die Dichter*, Stuttgart 1995

3 Victor Klemperer, *Ich will Zeugnis ablegen bis zum letzten. Tagebücher 1933–1945*, Berlin 2015

4 Victor Klemperer, *LTI – Notizbuch eines Philologen*, Leipzig 1998

5 Klemperer 1998, S.27

6 Dolf Sternberger/Gerhard Storz/Wilhelm Emanuel Süskind, *Aus dem Wörterbuch des Unmenschen. Neue erweiterte Ausgabe mit Zeugnissen des Streites über die Sprachkritik*, Hamburg/Düsseldorf 1968

7 George Steiner, *Das hohle Wunder*, S.155–178, in: ders., *Sprache und Schweigen. Essays über Sprache, Literatur und das Unmenschliche*, übers. von Axel Kaun, Frankfurt am Main 2016

8 Steiner 2016, S.175

9 Steiner 2016, S.161

10 Dolf Sternberger, *Vorbemerkung 1967*, S.11, in: ders., *Aus dem Wörterbuch des Unmenschen. Neue erweiterte Ausgabe mit Zeugnissen des Streites über die Sprachkritik*, Hamburg/Düsseldorf, 1968

11 Olga Martynova, *Wer der Sprache Gewalt antut*, Frankfurter Allgemeine Zeitung, 21.9.2019, S.9

12 Ebd.

13 Ebd.

14 Heinrich Heine, *Almansor. Eine Tragödie*, S.129–247, in: ders., *Tragödien nebst einem lyrischen Intermezzo*, Berlin 1823, S.148, https://de.wikisource.org/wiki/Almansor_(Heine)

15 Monika Grütters im Gespräch mit Dieter Kassel, *Die Radikalisierung des öffentlichen Sprechens*, Deutschlandfunk Kultur, 5.2.2020, https://www.deutschlandfunkkultur.de/kulturstaats-

ministerin-ueber-sprache-und-demokratie-die.1008.de.html?dram:article_id=469544

16 Anatol Stefanowitsch im Gespräch mit Axel Rahmlow, *Zerstört die Political Correctness die Debattenkultur?*, Deutschlandfunk Kultur, 5.2.2020, https://www.deutschlandfunkkultur.de/sprachkritik-zerstoert-die-political-correctness-die.2165.de.html?dram:article_id=469634

17 Fritz J. Raddatz, *Wir werden weiterdichten, wenn alles in Scherben fällt ... Der Beginn der deutschen Nachkriegsliteratur*, Die Zeit Nr. 42/1979, https://www.zeit.de/1979/42/wir-werden-weiterdichten-wenn-alles/komplettansicht

18 Raddatz 1979

19 Volker Weidermann, *Das Buch der verbrannten Bücher*, Köln 2008

20 Günter Eich, zitiert nach Raddatz 1979

21 Günter Eich, *Dankrede Georg-Büchner-Preis 1959*, https://www.deutscheakademie.de/de/auszeichnungen/georg-buechner-preis/guenter-eich/dankrede

22 W. G. Sebald, *Luftkrieg und Literatur*, München 1999

23 Sebald 1999, S. 20

24 Sebald 1999, S. 56

25 Sebald 1999, S. 113

26 Ebd.

27 Marcel Reich-Ranicki, *Verleumdung statt Aufklärung. Deutsche Schriftsteller im Dritten Reich – Zu einem »Zeit«-Dossier von Fritz J. Raddatz*, Frankfurter Allgemeine Zeitung, 18.10.1979, https://literaturkritik.de/id/20411

28 Volker Hage, *Zeugen der Zerstörung. Die Literaten und der Luftkrieg*, Frankfurt am Main 2003, S. 119

29 W. G. Sebald, *Mit einem kleinen Strandspaten Abschied von Deutschland nehmen. Gespräch mit Uwe Pralle (2001)*, S. 252–263, in: ders., *»Auf ungeheuer dünnem Eis«. Gespräche 1971 bis 2001*, Frankfurt am Main 2011, hier S. 258

30 W. G. Sebald, *Wie kriegen die Deutschen das auf die Reihe? Gespräch mit Marco Poltronieri (1993)*, S. 87–95, in: ders., *»Auf ungeheuer dünnem Eis«. Gespräche 1971 bis 2001*, Frankfurt am Main 2011, hier S. 92

31 Klemperer, 2015, S. 675
32 Sebald 1999, S. 22
33 Ebd.

## WEHRHAFTE POESIE, ODER: SCHREIBE SO, DASS DIE NAZIS DICH VERBIETEN WÜRDEN!

1 *Kunstfreiheit versus Sexismusvorwurf*, Deutschlandfunk Kultur, 1.9.2017, https://www.deutschlandfunkkultur.de/kontroverse-um-eugen-gomringers-gedicht-kunstfreiheit.2156.de.html?dram:article_id=394868
2 *»Erschreckender Akt der Kulturbarbarei«*, Frankfurter Allgemeine Zeitung, 24.1.2018, https://www.faz.net/aktuell/feuilleton/debatten/gomringer-debatte-erschreckenden-akt-der-kulturbarbarei-15415612.html
3 *PEN-Zentrum Deutschland für Erhalt des Gedichts »Avenidas« des Lyrikers Eugen Gomringer an Südfassade der Alice-Salomon-Hochschule, Berlin*, Pressemitteilung 5.9.2017, https://www.pen-deutschland.de/de/2017/09/05/pen-zentrum-deutschland-fuer-erhalt-des-gedichts-avenidas-des-lyrikers-eugen-gomringer-an-suedfassade-der-alice-salomon-hochschule-berlin/
4 Ebd.
5 *Gomringer-Gedicht soll an Fassade von PEN-Zentrum*, Deutschlandfunk Kultur, Kulturnachrichten 31.8.2018, https://www.deutschlandfunkkultur.de/gomringer-gedicht-soll-an-fassade-von-pen-zentrum.265.de.html?drn:news_id=919793
6 Theodor W. Adorno, *Jene zwanziger Jahre* (1962), in: Petra Kiedaisch (Hrsg.), *Lyrik nach Auschwitz? Adorno und die Dichter*, Stuttgart 1995, S. 49–53, hier S. 53
7 Zygmunt Bauman, *Dialektik der Ordnung. Die Moderne und der Holocaust*, übers. v. Uwe Ahrens, Hamburg 1992, S. 15
8 Bauman 1992, S. 19
9 Christoph Richter, *AfD will Theater sanktionieren*, Deutschlandfunk Kultur, 21.12.2017, https://www.deutschlandfunkkultur.

de/kulturpolitik-in-sachsen-anhalt-afd-will-theater.1001.de.html?dram:article_id=406574

10 Manuela Lück, *Die Kulturpolitik der Alternative für Deutschland*, Weiterdenken – Heinrich-Böll-Stiftung Sachsen, 22.2.2017, https://www.weiterdenken.de/sites/default/fles/uploads/2017/02/manuela_luck_kulturpolitik_afd.pdf

11 Peter Laudenbach/John Goetz, *Druck von rechts*, SZ.de, 27.8.2019, https://www.sueddeutsche.de/kultur/afd-kulturpolitik-rechts-extremismus-gewalt-1.4578106

12 Ebd.

## SYMBOLISCHE JUDEN UND ANDERE TROPHÄEN

1 Theodor W. Adorno, *Auferstehung der Kultur in Deutschland?*, S. 469–477, in: Frankfurter Hefte, 5. Jg., Heft 5, 1950

2 Adorno 1950, S. 474

3 Erich Kästner, *Der Handstand auf der Loreley*, S. 21, in: ders., *Gesang zwischen den Stühlen*, München 1999

4 *Kritik an Antisemitismus in »muslimischen Kreisen«*, n-tv.de, 27.1.2020, https://www.n-tv.de/politik/Kritik-an-Antisemitis-mus-in-muslimischen-Kreisen_article21535706.html (ab min. 5:08)

5 *Unsere Mütter, unsere Väter*, Regie: Philipp Kadelbach, 2013 (Film)

6 Takis Würger, *Stella*, München 2019

7 Wolfram Eilenberger, *Zeit der Zauberer. Das große Jahrzehnt der Philosophie 1919–1929*, Stuttgart 2018

8 Verlagsseite, https://www.klett-cotta.de/buch/Philosophie/Zeit_der_Zauberer/90521

9 Bundesministerium des Innern, für Bau und Heimat, 2019, Übersicht »Hasskriminalität«. Entwicklung der Fallzahlen 2002–2018, online: https://www.bmi.bund.de/SharedDocs/downloads/DE/veroeffentlichungen/2019/pmk-2018-hasskriminalitaet-2001-2018.pdf;jsessionid=3F48A8B55050EC7A-154D427E7F39573A.2_cid373?__blob=publicationFile&v=4

10 *Heiko Maas stellt Bericht zur Menschenrechtspolitik vor*, 13.2.2019, https://www.bundestag.de/dokumente/textarchiv/2019/kw07-de-regierungsbefragung-590692 (ab min. 16:15)

11 Thilo Sarrazin, *Deutschland schafft sich ab. Wie wir unser Land aufs Spiel setzen*, München 2010

12 Reyhan Şahin, *Yalla, Feminismus!*, Berlin 2019

13 Şahin 2019, S.45

14 *›Hass-Inhalte‹ Kölner Polizei zeigt AfD-Vize von Storch an – Twitter-Account gesperrt*, Kölner Stadt-Anzeiger, 1.1.2018, https://www.ksta.de/politik/-hass-inhalte--koelner-polizei-zeigt-afd-vize-von-storch-an---twitter-account-gesperrt-29417198

15 Gert Pickel, *Weltanschauliche Vielfalt und Demokratie. Wie sich religiöse Pluralität auf die politische Kultur auswirkt*, Bertelsmann Stiftung 2019, S.82, https://www.bertelsmann-stiftung.de/fileadmin/files/BSt/Publikationen/GrauePublikationen/Religionsmonitor_Vielfalt_und_Demokratie_7_2019.pdf

16 Pickel 2019, S.41

17 Ahmad Mansour, *Klartext zur Integration: Gegen falsche Toleranz und Panikmache*, Frankfurt am Main 2018

18 Vivica Mildner, *Islam-Experte erklärt, warum sich arabische Männer bei der Integration schwertun*, focus.de, 11.2.2019, https://www.focus.de/politik/deutschland/ahmad-mansour-islam-experte-erklaert-warum-sich-arabische-maenner-bei-der-integration-schwertun_id_10294401.html

19 Ahmad Mansour, *Generation Allah. Warum wir im Kampf gegen religiösen Extremismus umdenken müssen*, Frankfurt am Main 2015

20 Katajun Amirpur, *»Islam gleich Gewalt« Der fatale Gleichklang von Kriegern und Kritikern*, Blätter für deutsche und internationale Politik, Januar 2015, https://www.blaetter.de/ausgabe/2015/januar/islam-gleich-gewalt

## HUFEISENTHEORIE FOREVER. SYMMETRIE IM RECHTEN WINKEL


1 *Mehr als 500 rechtsextreme Verdachtsfälle in der Bundeswehr*, Spiegel Online, 26.1.2020, https://www.spiegel.de/politik/deutschland/bundeswehr-rund-550-rechtsextreme-verdachts-faelle-a-baaa32e6-0eb4-4a5c-a33c-a265a82de9ee

2 Maike Rademaker, *Wie rechts ist die Feuerwehr?*, Zeit Online, 25.11.2019, https://www.zeit.de/gesellschaft/zeitgeschehen/2019-11/feuerwehr-vorstand-afd-rechtsextremismus/komplettansicht

3 Saskia Trebing, *»Wieder werden arme Menschen am meisten leiden«*, monopol, 23.3.2020, https://www.monopol-magazin.de/aa-bronson-aids-coronavirus

4 *Aids: »Eine Epidemie, die erst beginnt«*, DER SPIEGEL 23/1983, https://www.spiegel.de/spiegel/print/d-14021779.html

5 Twitter, 5.2.2020, https://twitter.com/rubenmcloop/status/1225054620206190592

6 *Bodo Ramelow hat AfD-Vizepräsidenten mitgewählt*, Zeit Online, 6.3.2020, https://www.zeit.de/politik/deutschland/2020-03/thueringer-landtag-bodo-ramelow-afd-vizepraesident

7 Thomas Laschyk, *Unions-Abgeordnete twitterten über 10-mal mehr über Rezo als über Lübcke*, volksverpetzer.de, 22.6.2019, online: https://www.volksverpetzer.de/social-media/rezo-luebcke-cdu/

8 Max Holsche/Anna-Sophie Schneider, *Ein Satz – und der Hass danach*, Spiegel Online, 26.6.2019, https://www.spiegel.de/politik/deutschland/walter-luebcke-was-geschah-bei-der-buergerversammlung-2015-in-kassel-a-1274434.html

9 Hans Monath, *»Dann ist das nicht mein Land«*, Tagesspiegel, 15.9.2015, https://www.tagesspiegel.de/politik/angela-merkel-rechtfertigt-fluechtlingspolitik-dann-ist-das-nicht-mein-land/12325248.html

10 Barbara Nolte, *Der Klammheimliche: Eine Begegnung mit Klaus Hülbrock*, tagesspiegel.de, 17.10.2017, https://www.tagesspiegel.de/gesellschaft/buback-nachruf-von-1977-der-klammheimliche-eine-begegnung-mit-klaus-huelbrock/20452424-all.html

11 *500 Rechtsextremisten in Deutschland untergetaucht*, SWR, 6.2.2020, https://www.swr.de/swraktuell/rechtsextremisten-untergetaucht-100.html
12 *Schwerpunkt Hannibals Schattennetzwerk*, taz.de, https://taz.de/Schwerpunkt-Hannibals-Schattennetzwerk/!t5549502/
13 Heike Kleffner/Matthias Meisner (Hrsg.), *Extreme Sicherheit. Rechtsradikale in Polizei, Verfassungsschutz, Bundeswehr und Justiz*, Freiburg 2019
14 Twitter, 28.10.2019, https://twitter.com/ShahakShapira/status/1188818412451127298

## OSTDEUTSCHER ANTIFASCHISMUS, OSTDEUTSCHE REALITÄTEN

1 Ilko-Sascha Kowalczuk, *Die Übernahme. Wie Ostdeutschland Teil der Bundesrepublik wurde*, München 2019, S. 171
2 Klaus Wolfram, *Was war und zu welchem Ende kam die politische Energie der Ostdeutschen. Rede bei der Mitgliederversammlung der Akademie der Künste im Herbst 2019 (8.–10. November)*, Journal der Künste 12, Deutsche Ausgabe, März 2020, S. 20
3 Ebd.
4 Philipp Ther, *Die neue Ordnung auf dem alten Kontinent. Eine Geschichte des neoliberalen Europa*, Berlin 2014, S.314
5 Dominik Rigoll, *Staatsschutz in Westdeutschland: Von der Entnazifizierung zur Extremistenabwehr*, Göttingen 2013, S.22–25
6 Dominik Rigoll, *Wie umgehen mit den rechten Gefährdern? Antinazistische Sicherheitspolitik in Westdeutschland, 1945–1960*, zeitgeschichte|online, 23.10.2019, https://zeitgeschichte-online.de/themen/wie-umgehen-mit-den-rechten-gefaehrdern
7 Ebd.
8 Manja Präkels, *Als ich mit Hitler Schnapskirschen aß*, Berlin 2017
9 Daniel Schulz, *Wir waren wie Brüder*, taz.de, 1.10.2018, https://taz.de/Jugendliche-in-Ostdeutschland/!5536453/
10 Christian Bangel, *Oder Florida*, München 2017
11 Charlotte Misselwitz, *Ist Antisemitismus vor allem ein Problem in Ostdeutschland?*, bpb.de, 30.4.2020, https://www.bpb.de/

geschichte/zeitgeschichte/deutschlandarchiv/308504/ist-antisemitismus-vor-allem-ein-problem-in-ostdeutschland

12 Angelika Nguyen, *Meine ostdeutsche Wut: Gegenrede zu einer aktuellen Debatte*, S.70–74, in: Micha Brumlik/Marina Chernivsky/Max Czollek/Hannah Peaceman/Anna Schapiro/Lea Wohl von Haselberg (Hrsg.), Jalta. Positionen zur jüdischen Gegenwart. Ver|un|einigung, Ausgabe 06 2/2019, Berlin

13 Hussein Jinah, *Als Weltbürger zu Hause in Sachsen*, Berlin 2019

14 Sarah Ulrich, *»Die Realität der ostdeutschen Migrationsgesellschaft wird zu wenig benannt«*, Heimatkunde, 9.11.2019, https://heimatkunde.boell.de/de/2019/11/09/die-realitaet-der-ostdeutschen-migrationsgesellschaft-wird-zu-wenig-benannt

15 *Sigmund Rotstein zu antisemitischen Schmierereien*, in: Neues Deutschland, 9.11.1989, Jg. 44, Nr. 264, S. 7

16 Bernd Wagner, Vertuschte Gefahr: Die Stasi & Neonazis, 2.1.2018, bpb.de, https://www.bpb.de/geschichte/deutsche-geschichte/stasi/218421/neonazis

17 Ebd.

18 Harry Waibel, *Die braune Saat: Antisemitismus und Neonazismus in der DDR*, Stuttgart 2017, S. 10

19 Wagner 2018

20 Micha Brumlik, *Ostdeutscher Antisemitismus: Wie braun war die DDR?*, Blätter für deutsche und internationale Politik, 1/2020, S. 114–120, https://www.blaetter.de/archiv/jahrgaenge/2020/januar/ostdeutscher-antisemitismus-wie-braun-war-die-ddr

21 Norbert Frei/Franka Maubach/Christina Morina/Maik Tändler, *Zur rechten Zeit. Wider die Rückkehr des Nationalismus*, Berlin 2019, S.201–206

22 Kowalczuk 2019, S.270–274

23 Martin Sabrow, *»1989« als Erzählung*, S.25–33, in: Aus Politik und Zeitgeschichte. Das letzte Jahr der DDR, 69. Jahrgang, 35–37/2019, hier S.33

24 *Willy Brandt: »Es wächst zusammen, was zusammen gehört«*, DW, 13.12.2012, online: https://www.dw.com/de/willy-brandt-es-wächst-zusammen-was-zusammen-gehört/a-16431107

25 Wolfgang Engler/Jana Hensel, *Wer wir sind. Die Erfahrung, ostdeutsch zu sein*, Berlin 2018, S. 134
26 Engler/Hensel 2018, S. 113
27 Greta Hartmann/Alexander Leistner, *Umkämpftes Erbe. Zur Aktualität von »1989« als Widerstandserzählung*, S. 13–24, in: Aus Politik und Zeitgeschichte. Das letzte Jahr der DDR. 69. Jahrgang, 35–37/2019, hier S. 23
28 Petra Köpping, *Integriert doch erst mal uns!*, Berlin 2018
29 Wildt 2019, S. 42
30 Naika Foroutan, *»Ostdeutsche sind auch Migranten«*, taz.de, 13.5.2018, https://taz.de/Professorin-ueber-Identitaeten/!5501987/

## DIE POLITISCHE SCHÖNHEIT DES 9. NOVEMBERS

1 *Hoffnung im Herz*, Regie: Maria Binder, 1997 (Film)
2 Richard Schröder, *Das Glück der Einheit*, S. 163–187, in: Martin Sabrow (Hrsg.), *Die schwierige Einheit*, Leipzig 2016, Zitat S. 163
3 Robin Ostow, *Juden aus der DDR und die deutsche Wiedervereinigung. Elf Gespräche*, Berlin 1996
4 *»Die Mauer ist uns auf den Kopf gefallen«. Women of Color und ihre Perspektiven auf den Mauerfall*, Regie: Diane Izabiliza, 2019 (Film), https://www.verwobenegeschichten.de/themen/film-die-mauer-ist-uns-auf-den-kopf-gefallen/
5 Peggy Piesche (Hrsg.), *Labor 89*, Berlin 2020
6 Peggy Piesche, *Einleitung oder: 1989 als Gesellschaftslabor*, S. 5–9, in: dies. (Hrsg.), *Labor 89*, Berlin 2020, hier S. 7–8
7 Micha Brumlik/Marina Chernivsky/Max Czollek/Hannah Peaceman/Anna Schapiro/Lea Wohl von Haselberg (Hrsg.), Jalta. Positionen zur jüdischen Gegenwart. Ver|un|einigung, Ausgabe 06 2/2019, Berlin
8 *Hoffnung im Herz*, 1997
9 Katharina Oguntoye/May Ayim/Dagmar Schultz (Hrsg.), *Farbe bekennen. Afro-deutsche Frauen auf den Spuren ihrer Geschichte*, Berlin 1986

10 Jan Motte/Rainer Ohliger (Hrsg.), *Geschichte und Gedächtnis in der Einwanderungsgesellschaft. Migration zwischen historischer Rekonstruktion und Erinnerungspolitik*, Essen 2004
11 Motte/Ohliger 2004, S.44–45
12 Aras Ören, *Berliner Trilogie. Drei Poeme*, Berlin 2019
13 Aras Ören, *Dichter predigen in Schleswig-Holstein*, S.143–146, in: ders., *Wir neuen Europäer. Ein Lesebuch*, Berlin 2017, hier S.145
14 Botho Strauß, *Anschwellender Bocksgesang*, Der Spiegel 6/1993, https://magazin.spiegel.de/EpubDelivery/spiegel/pdf/13681004
15 Heimo Schwilk/Ulrich Schacht (Hrsg.), *Die selbstbewusste Nation. »Anschwellender Bocksgesang« und weitere Beiträge zu einer deutschen Debatte*, Frankfurt am Main 1994
16 Amadeu Antonio Stiftung, *Todesopfer rechter Gewalt*, https://www.amadeu-antonio-stiftung.de/todesopfer-rechter-gewalt/
17 Nguyen 2019, S.71

## KOMPLEXE INTERSEKTIONALITÄT

1 Combahee River Collective, *The Combahee River Collective Statement*, April 1977, http://circuitous.org/scraps/combahee.html
2 Ebd., Übersetzung Max Czollek
3 Ebd., Übersetzung Max Czollek
4 Charim 2018, S.200
5 Baran Serhad, *Pierburg 1973: Der migrantische Streik*, Die Freiheitsliebe, 29.9.2019, https://diefreiheitsliebe.de/politik/pierburg-1973-der-migrantische-streik/
6 Peter Birke, *Wilde Streiks im Wirtschaftswunder. Arbeitskämpfe, Gewerkschaften und soziale Bewegungen in der Bundesrepublik und Dänemark*, Frankfurt am Main 2007, zitiert nach Serhad 2019
7 Michael Ferschke, *Warum Sahra Wagenknecht gescheitert ist*, 20.3.2019, https://www.marx21.de/aufstehen-warum-sahra-wagenknecht-gescheitert-ist/
8 Bernd Stegemann, *Die Moralfalle. Für eine Befreiung linker Politik*, Berlin 2018

9 Leah Carola Czollek/Gudrun Perko/Corinne Kaszner/Max Czollek, *Praxishandbuch Social Justice und Diversity. Theorien, Training, Methoden, Übungen, vollständig und stark überarbeitete Neuauflage*, Weinheim/Basel 2019

10 Leah Carola Czollek/Gudrun Perko, *Das Konzept des Verbündet-Seins im Social Justice als spezifische Form der Solidarität*, S.153–167, in: Anne Broden/Paul Mecheril (Hrsg.), *Solidarität in der Migrationsgesellschaft. Befragung einer normativen Grundlage*, IDA, Bielefeld 2012

11 Czollek/Perko/Kaszner/Czollek 2019, S.19

12 Czollek/Perko/Kaszner/Czollek 2019, S.174

13 Kimberlé Williams Crenshaw, *Demarginalizing the Intersection of Race and Sex: A Black Feminist Critique of Antidiscrimination Doctrine, Feminist Theory and Antiracist Politics*, University of Chicago Legal Forum, Vol. 1989, Ausgabe 1, Artikel 8

14 »Systemische Intersektionalität«, in: Czollek/Perko/Kaszner/Czollek 2019, S.18

15 Pascal Beucker, *Was Menschen bewegt*, taz, 14.10.2018, https://taz.de/Deutschlands-groesste-Demonstrationen/!5542791/

16 Gudrun Perko, *Social Justice und Radical Diversity: Veränderungs- und Handlungsstrategien*, Weinheim/Basel 2020, S.60

17 Gabriele Dietze, *Sexueller Exzeptionalismus. Überlegenheitsnarrative in Migrationsabwehr und Rechtspopulismus*, Bielefeld 2019

18 *Lea Rosh gibt Zahn zurück*, Tagesspiegel, 13.5.2005, https://www.tagesspiegel.de/politik/holocaust-mahnmal-lea-rosh-gibt-zahn-zurueck/608370.html

1 Rede des Bundespräsidenten Frank-Walter Steinmeier, 23.1.2020, 5. World Holocaust Forum »Remembering the Holocaust: Fighting Antisemitism« in Yad Vashem, http://www.bundespraesident.de/SharedDocs/Reden/DE/Frank-Walter-Steinmeier/Reden/2020/01/200123-Israel-Yad-Vashem.html

2 Helmut Reinicke, *Gaunerwirtschaft. Die erstaunlichen Abenteuer hebräischer Spitzbuben in Deutschland*, Berlin 1983

3 Reinicke 1983, S. 75–87

4 Gerdien Jonker, *On the Margins. Jews and Muslims in Interwar Berlin*, Leiden/Boston 2020

5 Jonker 2020, S. 15

6 Jonker 2020, S. 213–214

7 Susannah Heschel, *Jüdischer Islam*, Berlin 2018

8 Edward W. Said, *Orientalism*, New York 1979, dazu auch Heschel 2018, S. 7–10

9 Heschel 2018, S. 14–15

10 Ebd.

11 Heschel 2018, S. 18

12 Ulrich Alexander Boschwitz, *Der Reisende*, Stuttgart 2018

13 Czollek 2018, S. 82

14 Theodor W. Adorno, *Erziehung nach Auschwitz*, S. 92–109, in: ders., *Erziehung zur Mündigkeit. Vorträge und Gespräche mit Hellmut Becker 1959–1969*, herausgegeben von Gerd Kadelbach, Frankfurt am Main 1970, hier S. 92

15 Karl Loewenstein: *Militant Democracy and Fundamental Rights I*, S. 417–433, in: American Political Science Review Vol. 31, No. 3/1937. Ders.: *Militant Democracy and Fundamental Rights II*, S. 638–658, in: American Political Science Review Vol. 31, No. 4/1937. Karl Mannheim: *Diagnosis of Our Time. Wartime Essays of a Sociologist*, London 1943

16 Dominik Rigoll, *Streit um die streitbare Demokratie. Ein Rückblick auf die Anfangsjahrzehnte der Bundesrepublik*, S. 40–45, in: Aus Politik und Zeitgeschichte. Innere Sicherheit, 67. Jahrgang, 32–33/2017, hier S. 40

17 *»Behinderung« – Bedeutungswandel eines Begriffs*, 23.7.2012, https://leidmedien.de/geschichte/behinderung-bedeutungswandel-eines-begriffs/

18 Debora Antmann, *Der lesbisch feministische Schabbeskreis, Die Geschichte eines fast vergessenen jüdisch-feministischen Widerstands*, S.28–36 in: Micha Brumlik/Marina Chernivsky/Max Czollek/Hannah Peaceman/Anna Schapiro/Lea Wohl von Haselberg (Hrsg.), Jalta. Positionen zur jüdischen Gegenwart. Selbstermächtigung, Ausgabe 01 1/2017, Berlin

19 Jihan Jasmin Dean: *Verzwickte Verbindungen. Eine postkoloniale Perspektive auf Bündnispolitik nach 1989 und heute*, S.101–129, in: Meron Mendel/Astrid Messerschmidt (Hrsg.), *Fragiler Konsens. Antisemitismuskritische Bildung in der Migrationsgesellschaft*, Frankfurt am Main 2017, hier: S.117–120

20 *»Corona-Rassismus in den Medien«*, https://www.korientation.de/corona-rassismus-medien/

21 Max Czollek, *»Zog nit keyn mol, az du geyst dem letstn veg«. Zu einem Archiv wehrhafter Poesie bei Hirsch Glik*, Heidelberg 2020 (unveröffentlicht)

22 *Wem gehört die Leitkultur? #jewsnewstoday*, 30.10.2017, https://www.youtube.com/watch?v=KHKXinjeTdo&t=2s

# DANKSAGUNG

Ich danke Leah Carola Czollek, Jo Frank, Stella Hindemith, Vera Lorenz, Aladin El-Mafaalani, Necati Öziri, Gudrun Perko, Sasha Marianna Salzmann, Deniz Utlu, Uwe Wolf für viele hilfreiche Anmerkungen und Gespräche, Franziska Günther für die Begleitung des Skripts von Anfang an sowie Corinne Kaszner für das wehrhafte und Florian Kessler für das verlagsseitig ausgezeichnete und geduldige Lektorat. Ohne euch alle wäre dieses Buch nicht entstanden.